The Training Program for
SOCCER

TAISHUKAN

サッカーの練習プログラム

〔著〕
山口隆文
齋藤 登

大修館書店

まえがき

　生徒たちにとって楽しい授業とは、

（1）動く楽しさ（活動欲求を満たす）
（2）できる楽しさ（技術の習得）
（3）わかる楽しさ（戦術的理解）
（4）かかわる楽しさ（仲間とのコミュニケーション）

が満たされる授業です。
　基本的なボール操作を身につけ、ボールから目を離し、判断するための有効な情報を収集し、自らの判断でプレーし、仲間と協力してゲームに積極的に参加することができた時にはじめてサッカーを楽しむことができます。
　これまでの体育授業に多く見られたサッカー部員主導・判断型ゲームでは、他の生徒たちは積極的にゲームに参加したとは言えず、本当の意味での楽しさも喜びも感じることはできなかったのではないでしょうか。自らの判断に伴う技術の発揮で、仲間とゲームを創ることに参加してこそ楽しさ・喜びを見出すことができるのです。この楽しさ・喜びの体験こそが、生涯スポーツへの志向性を高めるキーファクターなのです。
　サッカー（スポーツ）が、楽しさや喜びをもたらし、自分の生活を豊かにしていくために不可欠のものだと認識されたとき、サッカー（スポーツ）が文化として根付き、定着していくのではないでしょうか。われわれ体育・スポーツ指導者の一番大切な仕事は、生徒たちにスポーツの楽しさを味わわせることです。
　本書は、サッカーの楽しさを生徒たちが十分に体験しながら授業が進められるように工夫したプログラムです。教師の指導書として、また、選択授業の中で生徒が自主的に授業計画を立案する時の参考資料にしていただけたらと思います。

　　　　　　　　　　　　　　　　　　　　　　　　　　　2000年 4 月　山口隆文

サッカーの練習プログラム
〔目次〕

まえがき ･･･ 1

第1章　スキル1　（ボールの操作）

リフティング（1）･･･ 6
 1人でリフティング ･･･ 6

リフティング（2）･･･ 10
 複数でリフティング ･･･ 10

ドリブル、ラン・ウィズ・ザ・ボール（1）･･ 14
 ジグザグドリブル ･･･ 14

ドリブル、ラン・ウィズ・ザ・ボール（2）･･ 18
 ラン・ウィズ・ザ・ボール ･･･ 18

ドリブル、ラン・ウィズ・ザ・ボール（3）･･ 22
 フェイント ･･･ 22

ドリブル、ラン・ウィズ・ザ・ボール（4）･･ 26
 1 vs 1 ･･･ 26
 3 vs 3 ･･･ 28

スクリーン＆ターン ･･･ 30
 スクリーン ･･･ 30
 ターン ･･･ 31

第2章　スキル2　（パスとシュート）

キック、コントロール（1）･･･ 38
 各種キック ･･･ 38

キック、コントロール（2）･･･ 43
 クッションコントロール、ウェッジコントロール ･････････････････････････････････ 43
 ワンタッチコントロール ･･･ 45

シュート ……………………………………………………………………… 48

ヘディング（1）……………………………………………………………… 52

ヘディング（2）……………………………………………………………… 56

ゴールキーパー（GK）の練習方法 ……………………………………… 59

第3章　タクティクス（ゲームをつくる）

Good Body Shape（よい体の向きと姿勢）……………………………… 68
- 1歩踏み込んでのコントロール …………………………………… 68
- 3 vs 1 でのボールキープ …………………………………………… 71
- ターン＆マノン ……………………………………………………… 75

壁パス ………………………………………………………………………… 80
- アイコンタクト ……………………………………………………… 80
- 2 vs 1 でのボールキープ …………………………………………… 81
- 1 vs 1 ＋2 ラインゴール …………………………………………… 82
- 8 vs 8 壁パスゲーム ………………………………………………… 83

コンビネーションプレー …………………………………………………… 84
- クロスオーバーからシュート ……………………………………… 84
- オーバーラップからセンターリング、シュート ………………… 86
- 4 vs 4 オーバーラップゲーム ……………………………………… 87

チャレンジとカバー ………………………………………………………… 88
- 1 vs 1 ＋キーパー …………………………………………………… 88
- 2 vs 2 の中でチャレンジとカバー ………………………………… 90
- 4 vs 4 大ゴールでゲーム（守備の意識）………………………… 91

11対11　ゲームをつくろう　3：4：3システムの中で説明しよう …… 92
- 攻撃 …………………………………………………………………… 92
- 守備 …………………………………………………………………… 96

第1章
スキル1（ボールの操作）

© アフロ・フォトエージェンシー

リフティング(1)

　サッカーの技術の基本は、ボールを「しっかり蹴ること」「しっかり止められること」です。ボールを自由に操作（扱うこと）することができればプレーの幅が広がり、サッカーがもっともっと楽しくなります。
　ここでは、いろいろな体の部位を使ってリフティングをしてみましょう。

1人でリフティング

[ねらい]　ボールをいろいろな部位で扱い、ボール操作に慣れる。

練習　いろいろな部位を使ってのリフティング

・インステップ　　　・もも 　　　・インサイド

・アウトサイド 　　　・ヘディング

スキル1（ボールの操作）

　各自ボールを1個ずつ持って、各部位を使って自由にリフティングをします。なるべく落とさないようにしますが、難しい生徒は1回ずつ地面に落とし、はずませながらやってみましょう。また は、各部位に1回1回手で投げて行うのもよいでしょう。
　隣同士ぶつからないように十分にスペースをとって、安全に留意しましょう。

［練習のポイント］
1. リラックスして、ボールをよく見ましょう。
2. 膝を柔らかく（柔軟に）して行いましょう。
3. 足首や首をしっかり固定して、ボールの中心をとらえましょう。

［バリエーション1］
　リフティングを始める前のボールの上げ方を工夫してみよう。
・友達同士で、出来る技を出し合って練習してみよう。（インステップ、インサイド、アウトサイド、かかと、足の裏、など）

［バリエーション２］
　リフティングをしながらコーンやマーカーなどを取ったり、置いたりしてみよう。
・コーンやマーカーを置くときは投げないように。
・いろいろな物に、トライしてみよう。
・成功した回数などを競ってみよう。

［バリエーション３］
　リフティングをしながらいろいろな動作を入れてみよう。（ボールを高く上げすぎないようにしましょう。）
・地面に両手をつく　　・360度回転
・胸や背中をつく　　　・でんぐり返しなど
・複雑な技にどんどん挑戦してみよう。

スキル1（ボールの操作）

[バリエーション4］
　リフティングをしながら移動してみよう。
・どこまで行けるか。個々で記録を作ろう。
・出来る生徒は、コースに障害物を置いてみよう。

例：コーンの間をスラロームしながらリフティング
　　コーン＆バーの下をくぐったり、飛び越えたり

[バリエーション5］
　リフティングで世界一周。
・右インステップ→右もも→右肩→頭→左肩→左もも→左インステップ→右インステップ………
　1周　7点
・右インステップ→右インサイド→右アウトサイド→右もも→右肩→頭→左肩→左もも→左アウトサイド→左インサイド→左インステップ……
　1周　11点
・友達同士で何周できたか（何点か）競ってみよう。
・自分たちで種目をつくって、トライしてみよう。

リフティング(2)

複数でリフティング

[ねらい]　ボールから徐々に目を離すことに慣れる。

練習1　2人でリフティング

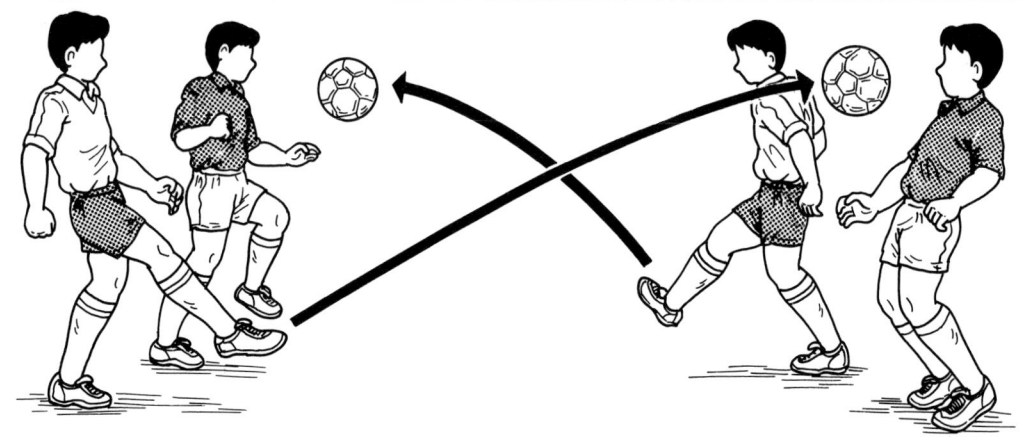

　2人1組でボール1個のリフティングをします。なるべく落とさないように受け渡しをします。慣れてきたら、タッチ数や扱う部位の制限を付けてみましょう。

　1人のリフティングにもあったように、パスした後にいろいろな動作を入れたり、移動したりしてみましょう。

[練習のポイント]
1．アイコンタクトや、声をかけ合うなどコミュニケーションを取りましょう。
2．相手が受けやすいパスを返しましょう。
3．ファーストタッチを正確（大切）に行いましょう。
4．ボールのコースに入りましょう。

スキル1（ボールの操作）

[バリエーション1]
　ボール2個でリフティング
・2人で声を掛け合って同時にボールを交換します。難しい場合は、1つをゴロのパスにしてみましょう。または、1つを手でパスするなどの方法でやってみましょう。

[バリエーション2]
　ボール1個でリフティング
・ファーストタッチの部位を決めてやってみよう。
　（確実にボールを返せるかどうか）

・2人の間隔を広げてみよう。
　（キック、トラップとも難しくなるでしょう。）

| 練習2 | 3人でリフティング |

3人1組を作り、ボール1個でなるべく落とさないでリフティングをします。

慣れてきたら、タッチ数や扱う部位の制限を付けてみましょう。前に行ったリフティングのバリエーションもやってみよう。

[練習のポイント]
1. ボールから目を離し相手の状況を確認しよう。
　（人数が増えるほど重要です。）
2. 声を出し、コミュニケーションを取りましょう。
　（人数が増えるほど重要です。）

スキル1（ボールの操作）

[バリエーション]
ボールの数や人数を増やしてやってみよう。　　　（ボールから目を離し、周りを見ることができますか。）
・パスを出す前に、相手の名前を言って出してみよう。

練習3　フットボールテニス

人数はコートの大きさによって決めます。（ここでは2vs2）
ルールも自分達の技術レベルに合わせたルールを考えましょう。大切なことはリラックスをして楽しくやることです。
いままでのリフティングの技術をどんどん使いましょう。トーナメントやリーグ戦をやってみるのも面白いでしょう。

ドリブル、ラン・ウィズ・ザ・ボール（1）

　試合中、ボールを持ったときにボール保持者が出来ることは、ドリブルかパス（シュート）です。

　ポジションやゲーム展開にもよりますが、相手がたくさんいるところで、わざわざドリブルをする必要はありませんし、誰も相手が寄ってこないのに、パスばかり回していても面白くありません。得点を取るためにボール保持者は、どちらがよいかを判断しなければなりません。

　ここでは、ボール保持者が選択できる「ドリブル」か「パス（シュート）」の中で、「ドリブル」について練習しましょう。

ジグザグドリブル

[ねらい]　自分でドリブルをして、目的地に進めるようにする。

練習　ジグザグドリブル

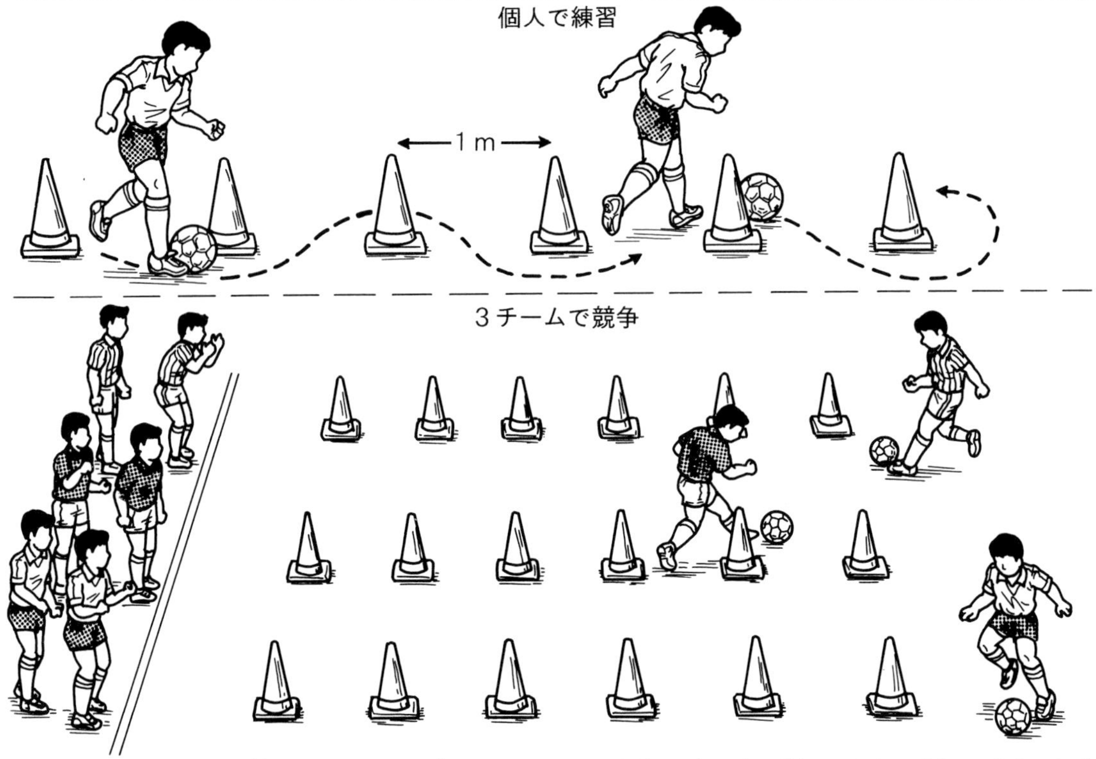

個人で練習

3チームで競争

　1人でボールを1個持って、1m間隔のコーンの間をジグザグにドリブルします。帰りもジグザグにドリブルしてもよいですし、横をまっすぐ帰ってきてもかまいません。

　慣れてきたら、「右足だけ」、「左足だけ」や「インサイドのみ」、「アウトサイドのみ」、「足の裏のみ」などといった、ドリブルで使う部位に制限を付けていくのもよいでしょう。

14

スキル1（ボールの操作）

[練習のポイント]
1. しっかりとしたコントロール（自分のコントロール内にボールを置く）をしましょう。
2. リラックスをして、立ち足の膝を柔軟にしましょう。
3. ボールばかり見ないで、顔を上げて周りを見ましょう。(試合では敵がボールを奪いに来ます。良い判断ができるように、ボールから目を離しましょう。)

[バリエーション１]
　コーンを２個使って８字ドリブルをしてみよう。
- スタート地点を決め、30秒で何周できるか競争してみよう。ドリブルに、使う部位（インサイド・アウトサイド等）の条件を付けても面白いでしょう。

[バリエーション２]
ボールばかり見ていないかどうか試してみよう。
- コーンを並べ、最後のコーンからやや離れて１人立ち、ドリブルしてくる生徒に対して指で数字を示します。ドリブルの生徒はその数を読み上げてみましょう。また、１人が手を挙げたときにそれを見て「はい」と、声を出すやり方もよいでしょう。難しいときは、コーンの間隔を広くしましょう。

スキル1（ボールの操作）

[バリエーション3]
ボールを出し合う。

1) 決められたグリッドの中にボールを持って入り、合図で他の生徒のボールをグリッドの外に出し合います。（自分のボールから1m以上離れないように）同じ場所に止まっていてはドリブルの練習になりません。最後までボールをキープしていた生徒が勝ちです。

2) 5人1組でグリッドの中に入り、4人がドリブルをし、ボールを持たない1人がオニとなって逃げます。4人はドリブルをしながらオニにタッチをします。最後までタッチできなかった生徒が負けとなります。（タッチをした生徒はグリッドから出ます。）

←――――10～15m――――→

―――※ワンポイントアドバイス―――
ドリブルをしている間も、周りの状況はどんどん変わっていきます。ですから、ドリブルをしているとき、ボールばかり見ずに、ボールから目を離して顔を上げ、周囲の状況が的確に判断できるようになりましょう。

ドリブル、ラン・ウィズ・ザ・ボール（2）

ラン・ウィズ・ザ・ボール

[ねらい] 自分の前に空いているスペースがある場合、スピードと視野を確保するために、少ないタッチで効率よくボールを運ぶ。

練習　ジグザグドリブルからラン・ウィズ・ザ・ボール

各自ボールを1個持って、1m間隔のコーンの間をドリブルする。A〜Bのコーンの間はラン・ウィズ・ザ・ボールで進みましょう。

[練習のポイント]
1. ラン・ウィズ・ザ・ボールの際、ファーストタッチはインサイドキックを使って正確にコントロールしましょう。
2. ボールが足元から離れたときには、顔を上げて周りを見ましょう。
3. できる限り少ないタッチでスピードアップしましょう。

［バリエーション1］
 ラン・ウィズ・ザ・ボールで決められたゾーンにボールを止められるかやってみよう。

・2人1組になり、1人がどこのゾーンに止めて欲しいかを言いましょう。

[バリエーション2]
　パスされたボールをファーストタッチでラン・ウィズ・ザ・ボールしてみよう。

・できるだけ少ないタッチで、反対の選手にパスしよう。

スキル1（ボールの操作）

[バリエーション3]
　コーンを2列に置いて、中の4個のコーン(B)はジグザグにドリブルをします。(A)から(B)の最初のコーンまでラン・ウィズ・ザ・ボールで進みます。
　同様に、(B)の終わりから(C)のコーンまでラン・ウィズ・ザ・ボールを使いましょう。

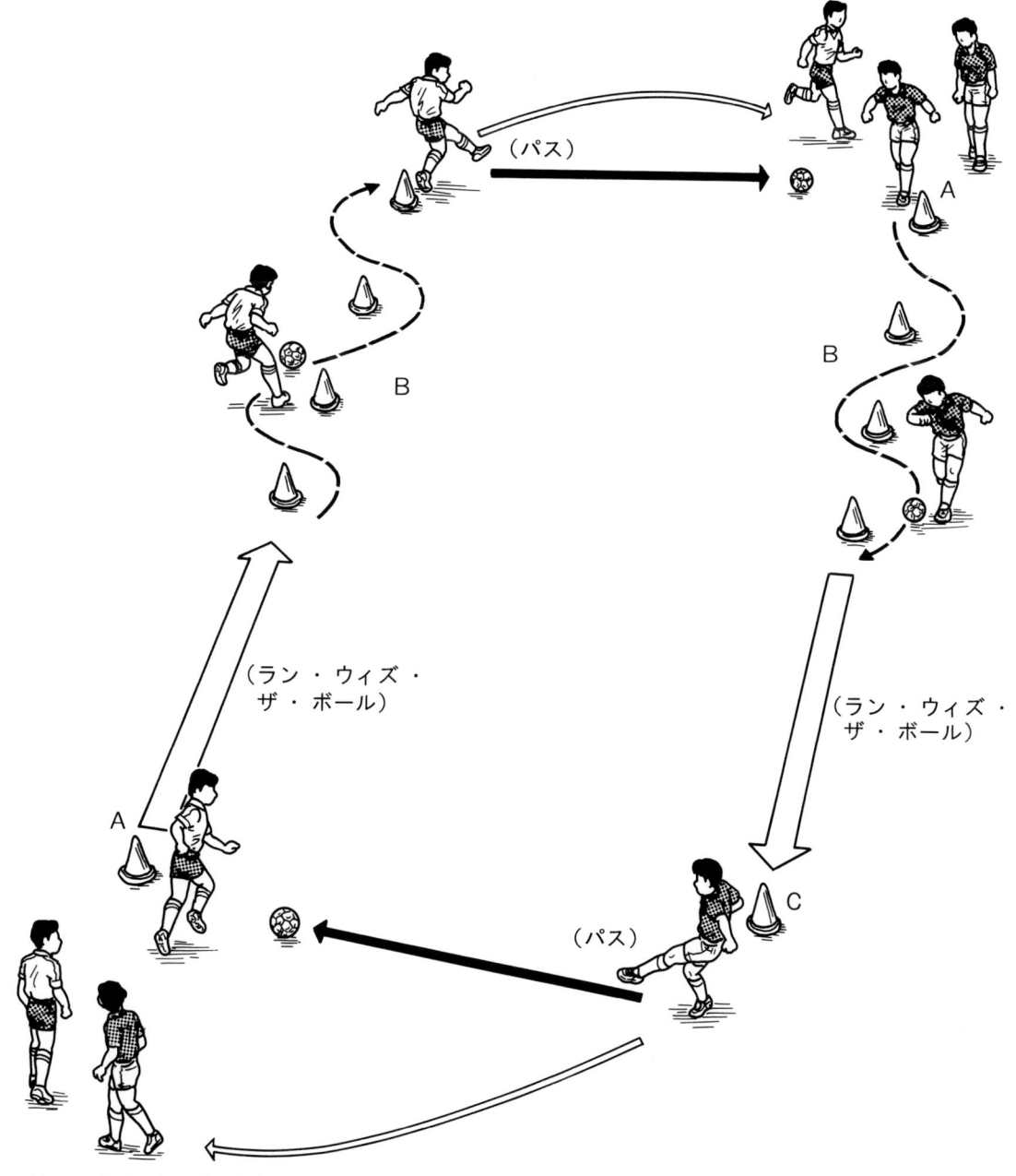

―※ワンポイントアドバイス―
　ラン・ウィズ・ザ・ボールはファーストタッチで成功か、失敗かが決まってしまいますので、大胆（スペースがあれば）かつ慎重（ファーストタッチは）に行いましょう。

ドリブル、ラン・ウィズ・ザ・ボール(3)

フェイント

[ねらい] ドリブルで相手を抜くための「だましの動き」を身につける。

練習1　いろいろな部位を使ってのフェイント

各自ボールを1個ずつ持ち、コーンなどを相手として置いて練習してみましょう

1. マシューズ
   ボールを出す反対側に体を傾けアウトサイドで出る。

2. アウトサイドシザース
   アウトサイドで蹴るふりをして、ボールをまたぐ。

スキル1(ボールの操作)

3．ダブルタッチ（1人ワンツー）
　インサイドで右足から左足にボールを移動させて出る。

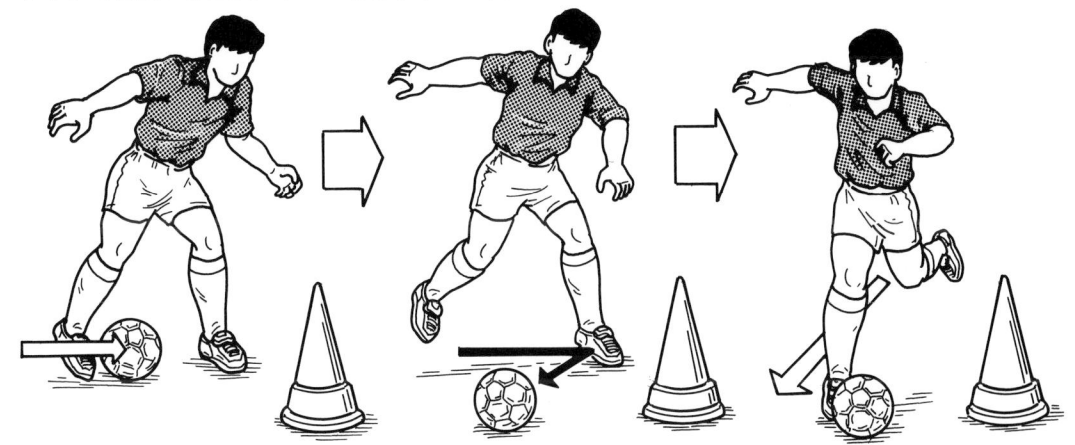

4．スモールブリッジ
　相手の股の下にボールを通して前に出る。

5．ビッグブリッジ
　相手の背後にボールを出して、自分はその逆を行く。

6．ロコモティブ
　相手と併走してボールを足の裏で止めるように見せかけ、ペースをかえて出る。

7．インサイドシザース（リベリーノ）
　インサイドで蹴るふり、または内側にまたぎアウトサイドで出る。

［練習のポイント］
1．相手との間合いを計りましょう。
　　（近すぎず、遠すぎず）
2．見せかけの動作を大きくしよう。

練習2　ディフェンダーを付けて行う

　練習1と同じフェイントを、今度は敵を付けて練習してみよう。初めはダミー（ＤＦはわざとだまされる）で行います。

[練習のポイント]
1．相手との間合いを計りましょう。（近すぎず、遠すぎず）
2．見せかけの動作を大きくしよう。
3．相手の動きを見て、ペースを変えて動きましょう。（スローからクィック）
4．相手の動きを見て、方向を変えましょう。
5．抜いた後しっかりとコースに入りましょう。（抜いた相手にじゃまされないように）

ドリブル、ラン・ウィズ・ザ・ボール(4)

1 vs 1

練習1　ラインゴールでの1 vs 1

　FWとDFを決め、はじめに1度DFにパスをし、DFが返してスタートします。ボール保持者は、ラインの上に止めたら勝ちとします。（ラインを越えたらでもよいでしょう。）

＊いろいろなフェイントを使ってみよう。

練習2　コーンゴールでの1 vs 1

　FWとDFを決め、はじめに1度DFにパスをし、DFが返してスタートします。ボール保持者は、コーンの間にシュートしてボールが通過したら勝ちとなります。

＊いろいろなフェイントを使ってみよう。

スキル1（ボールの操作）

練習3　普通のゴールでキーパーを付けての1vs1

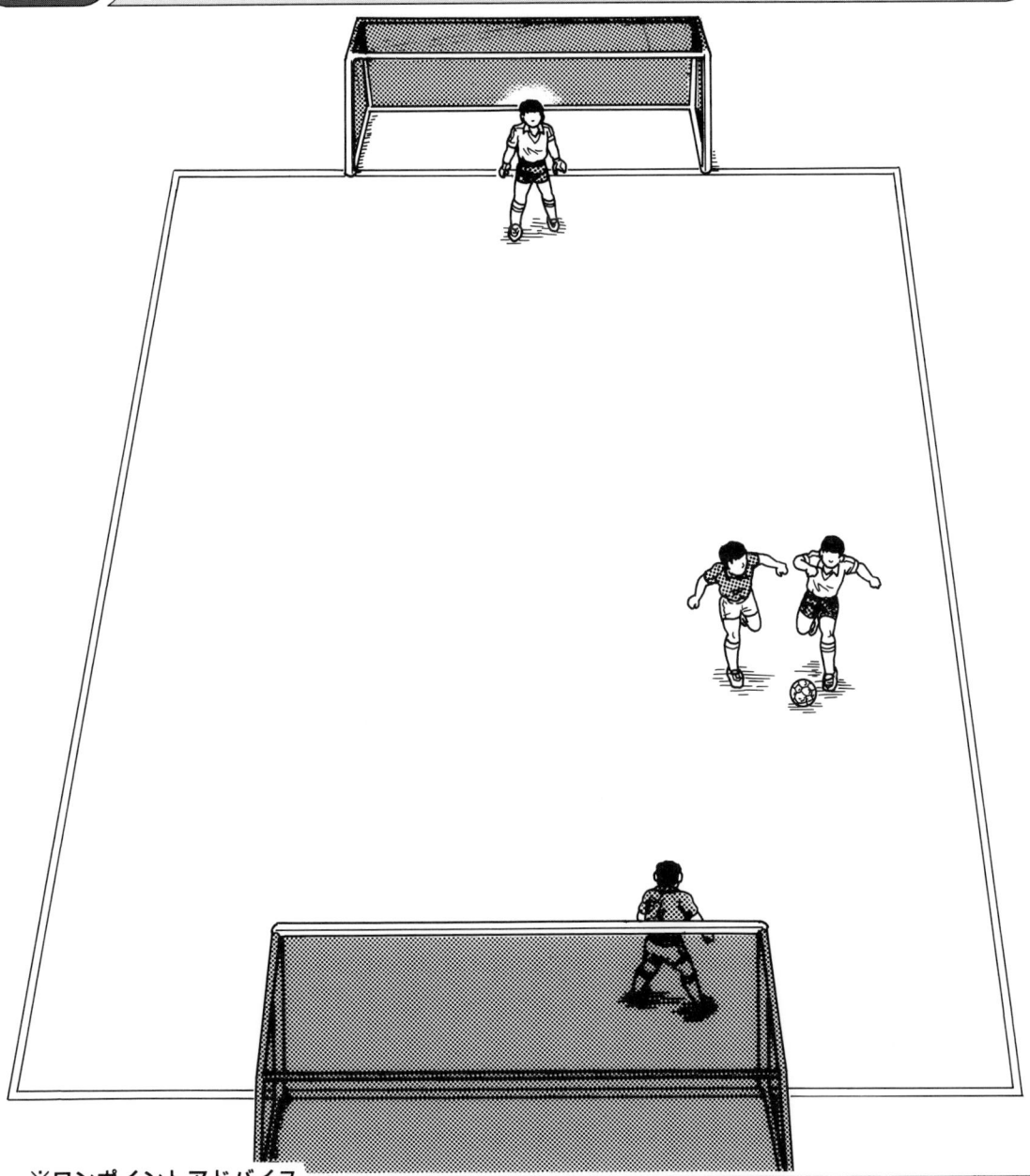

――※ワンポイントアドバイス

　練習ではいろいろなフェイントをどんどん使って抜いてみましょう。しかし、ゴール前では話は別です。サッカーには相手を完全に抜いてからでないと点にはならない、というルールはありません。ゴールが見えたら抜き切らなくてもゴールを狙ってみましょう。

　シュートは闇雲に打つのではなく、ゴールキーパーのポジションをよく見て、狙って蹴りましょう。（ゴールにパスするつもりで…）

3 vs 3

　横長のグリッドに、FW3人、DF3人でゲームをし、相手のラインの上にボールを止めたら1点(または、ドリブルで通過したら1点)とします。

　ドリブルやフェイントを多くするために、マンツーマンで行いましょう。(スタートの前にマンツーマンマークする相手を決めておくとよいでしょう。)

スキル1（ボールの操作）

[練習のポイント]

1. 攻撃時は広がりましょう。よりよい視野が確保できます。また、1対1を積極的に行えるスペースができます。

2. ドリブルなのか、ラン・ウィズ・ザ・ボールなのか判断を的確に行いましょう。

ドリブル

ラン・ウィズ・ザ・ボール

3. ラン・ウィズ・ザ・ボールのときはファーストタッチに気を付けましょう。（自分が正確にできる部位で行いましょう。）

スクリーン&ターン

　サッカーでは、ボールを持っているときにいつも相手と向き合っているわけではありません。時には、ボールと相手の間に体を入れて、相手に取られないようにボールを守らなければなりません。それが「スクリーン」という技術です。また、スクリーンやドリブルをしながら急激に方向を変えて相手をかわし、少しでもフリーな時間を作り出すことができるのが「ターン」という技術です。

　この技術をマスターすればボールを奪われにくくなり、さまざまなゲーム展開ができるようになるでしょう。

スクリーン

[ねらい]　ボールと相手の間に体を入れ、ボールを奪われないようにしましょう。

練習　ボールキープ

　2人1組になってインサイドパスをしています。指導者の合図でボールキープを始めます。ボールを奪われたら逆になります。始め方は自由です。例えば、キープの姿勢から始めて、後で交代したり、2人ともボールの上に足を置いてから始めたり、リフティングをしていてから始めたりです。

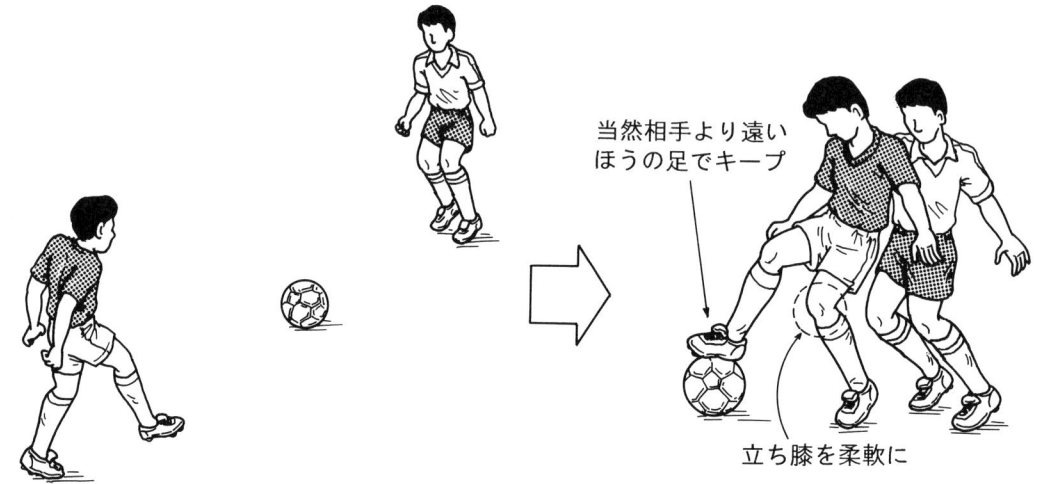

当然相手より遠いほうの足でキープ

立ち膝を柔軟に

[練習のポイント]
1. 自分の体の幅を使い半身になって少しでも相手より遠くでキープしましょう。
2. 立ち足の膝を柔軟にしましょう。(立ち足がまっすぐだと少しチャージを受けただけで、バランスを崩してしまいます。)
3. 相手の動きによって左右の足を持ち変えてみましょう。

スキル1（ボールの操作）

ターン

[ねらい]　大きな動作で相手の逆をとりましょう。（方向転換によって相手をかわし、フリーになりましょう。）

練習1　いろいろなターン

<インサイドフック>

インサイドで引っかける

<アウトサイドフック>

アウトサイドで引っかける

<ステップオーバー（またぐ）>

ボールをまたぎ
アウトサイドで

31

＜クライフターン（かき出す）＞

インサイドで逆へかき出す

立ち足の後ろを通す

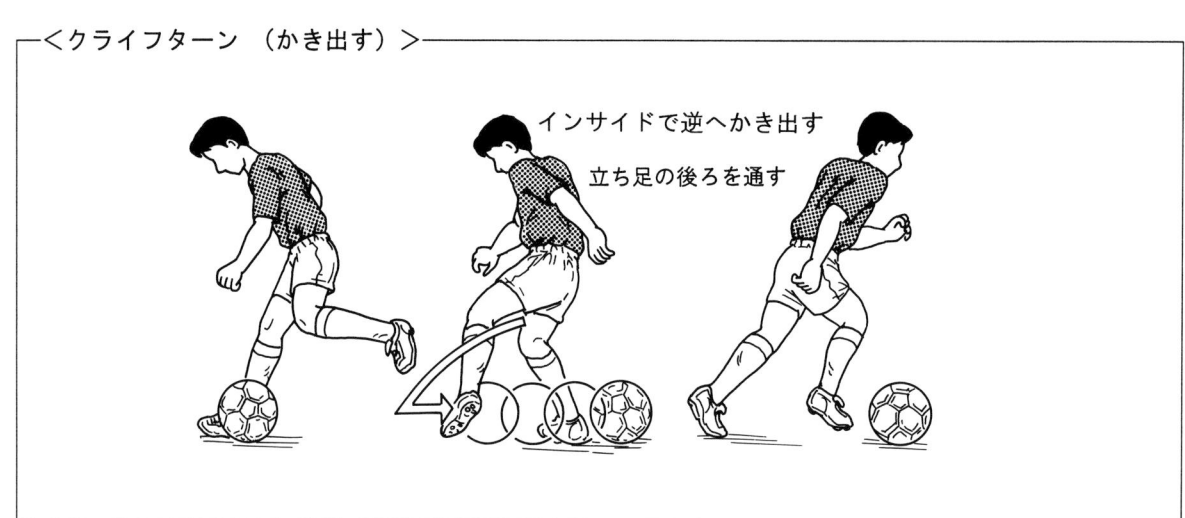

＜ストップターン＞

ボールを止めながら飛び越える

＜ドラッグバック＞

足の裏で引き戻す

スキル1（ボールの操作）

5mのコーンの間をドリブルしてコーンのところに来たらターンをします。連続で行ってもいいですし、1回1回交替してもいいでしょう。

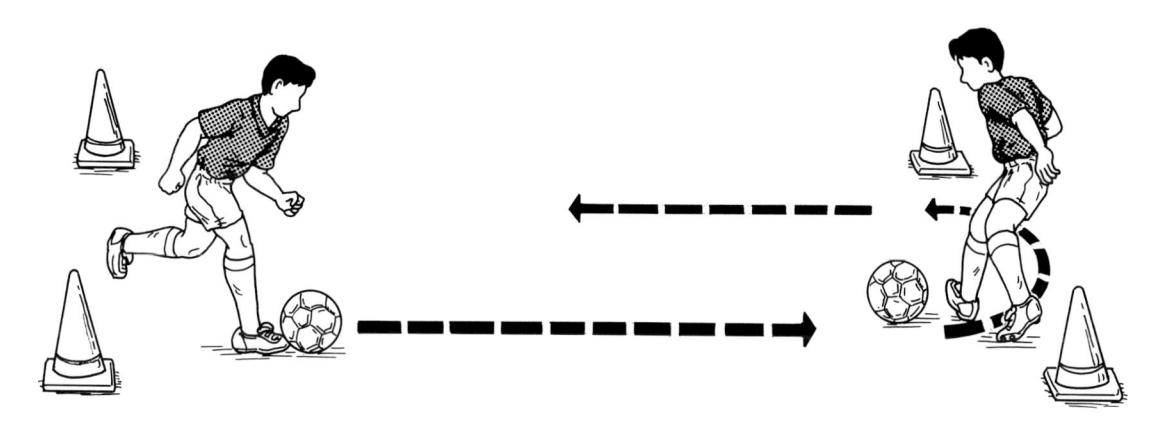

[練習のポイント]
1．同じペースでやらないで、ペースを変えましょう。（チェンジオブペース）
特にターンした後のスピードアップを図りましょう。（相手を置き去りにする）
2．立ち足の膝を柔軟にしましょう。
3．ターンした後、顔を上げましょう。（次のプレーがしやすいように）

練習2　ターニングゲーム

5mのコーンの間に2人入り、1人がボールを持ちます。ボールを持っているほうは、ターンの技術を使ってAかBのコーンをタッチします。もう1人は先回りをして相手より先にコーンにタッチします。FWは先にタッチされたら逆をねらいます。DFはボールを取ることはできません。

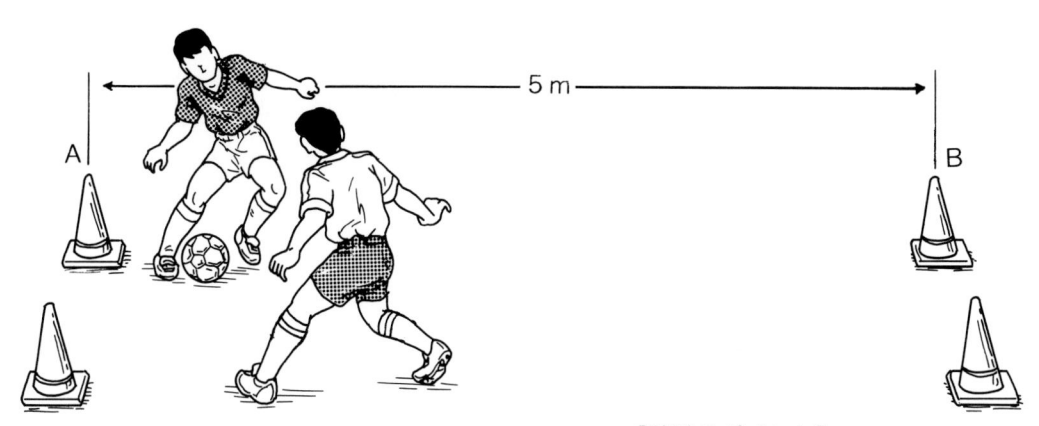

[練習のポイント]
1．相手の逆を取る動きが重要です。
2．ターンの後のペースを上げましょう。
3．立ち足の膝を柔軟にしましょう。

[バリエーション]

　ルールは同じですが、オーガナイズを変えてみましょう。

1. お互いにコーンが1個ずつ。

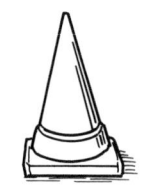

2. コーンの間をドリブルで通過する。

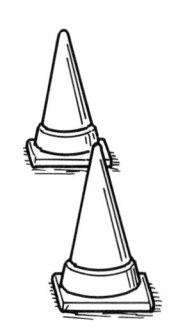

スキル1（ボールの操作）

練習3　4ゴールで横長の3vs3

スクリーンやターンをたくさん使いましょう。

［練習のポイント］

1. 広がってプレーしましょう。よい視野が確保できます。

2. ターンをうまく使って、数的優位な状況を作りだし得点しましょう。

第2章
スキル2（パスとシュート）

⚽ キック、コントロール（1）

　キックは、シュート、パス、クリアという目的を達成するためにボールを飛ばす技術です。逆に、ボールを受ける技術がコントロールです。

各種キック

[ねらい]　サッカーを楽しくするために、最低限必要な技術を身につける。

練習　いろいろなキックを練習する

1．インサイドキック

アプローチ

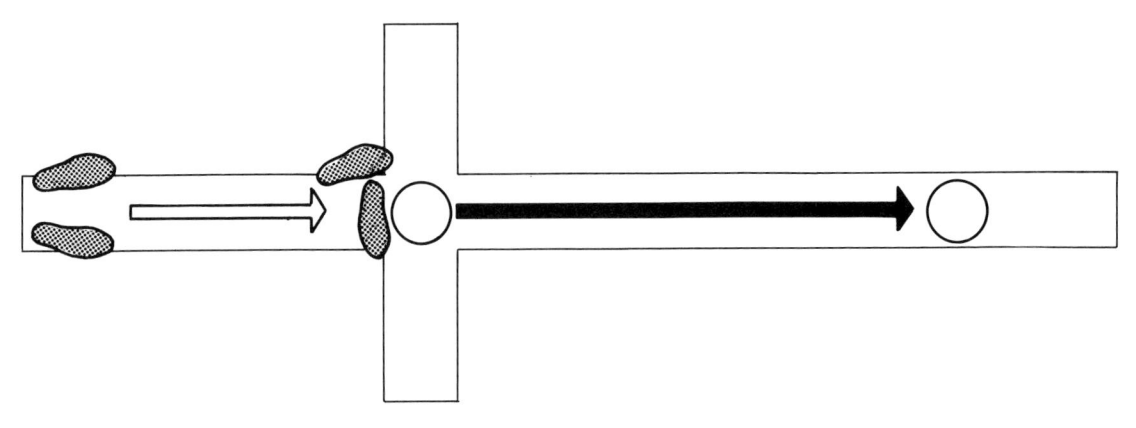

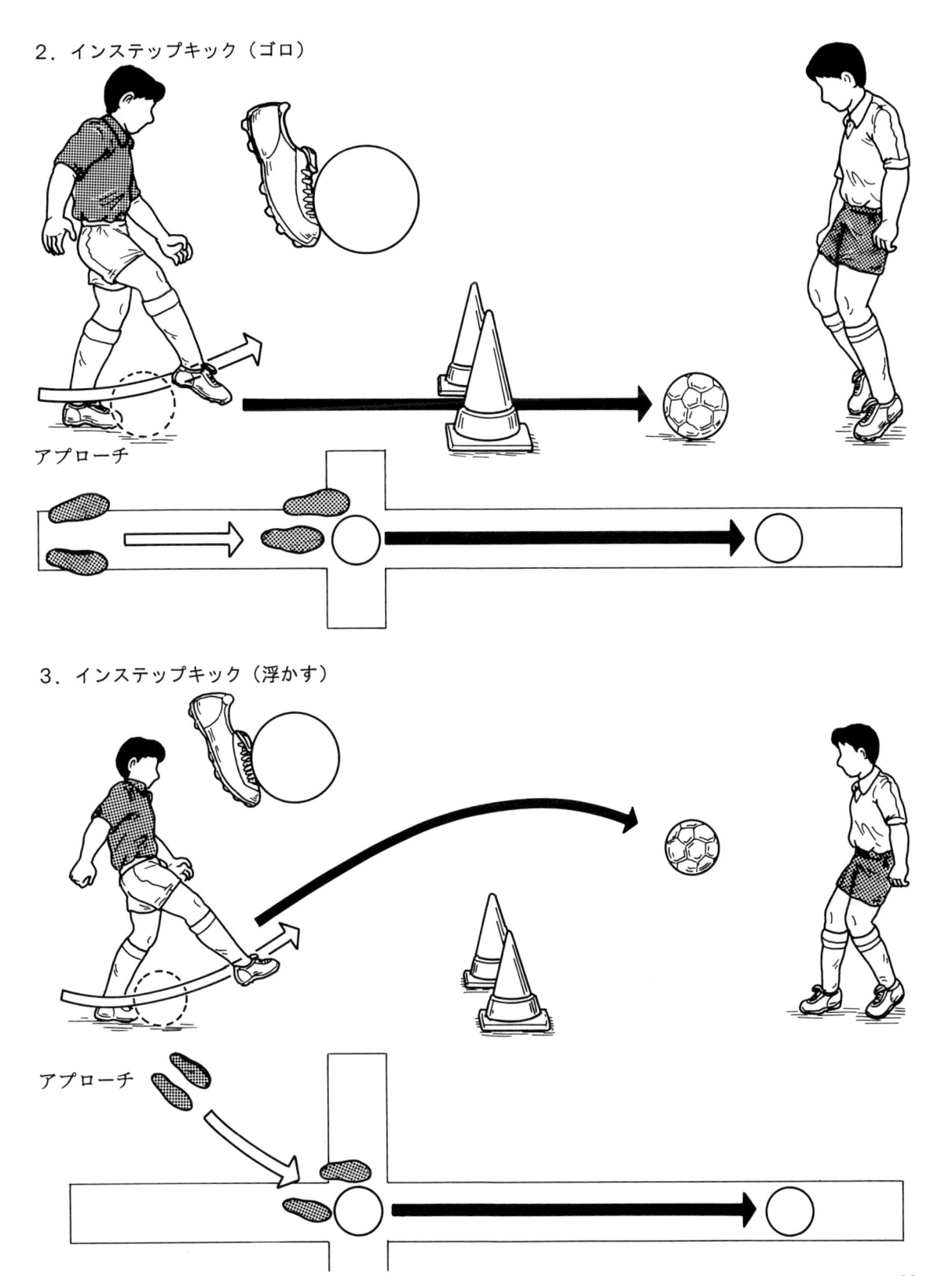

スキル2(パスとシュート)

2．インステップキック（ゴロ）

アプローチ

3．インステップキック（浮かす）

アプローチ

39

4．チップキック

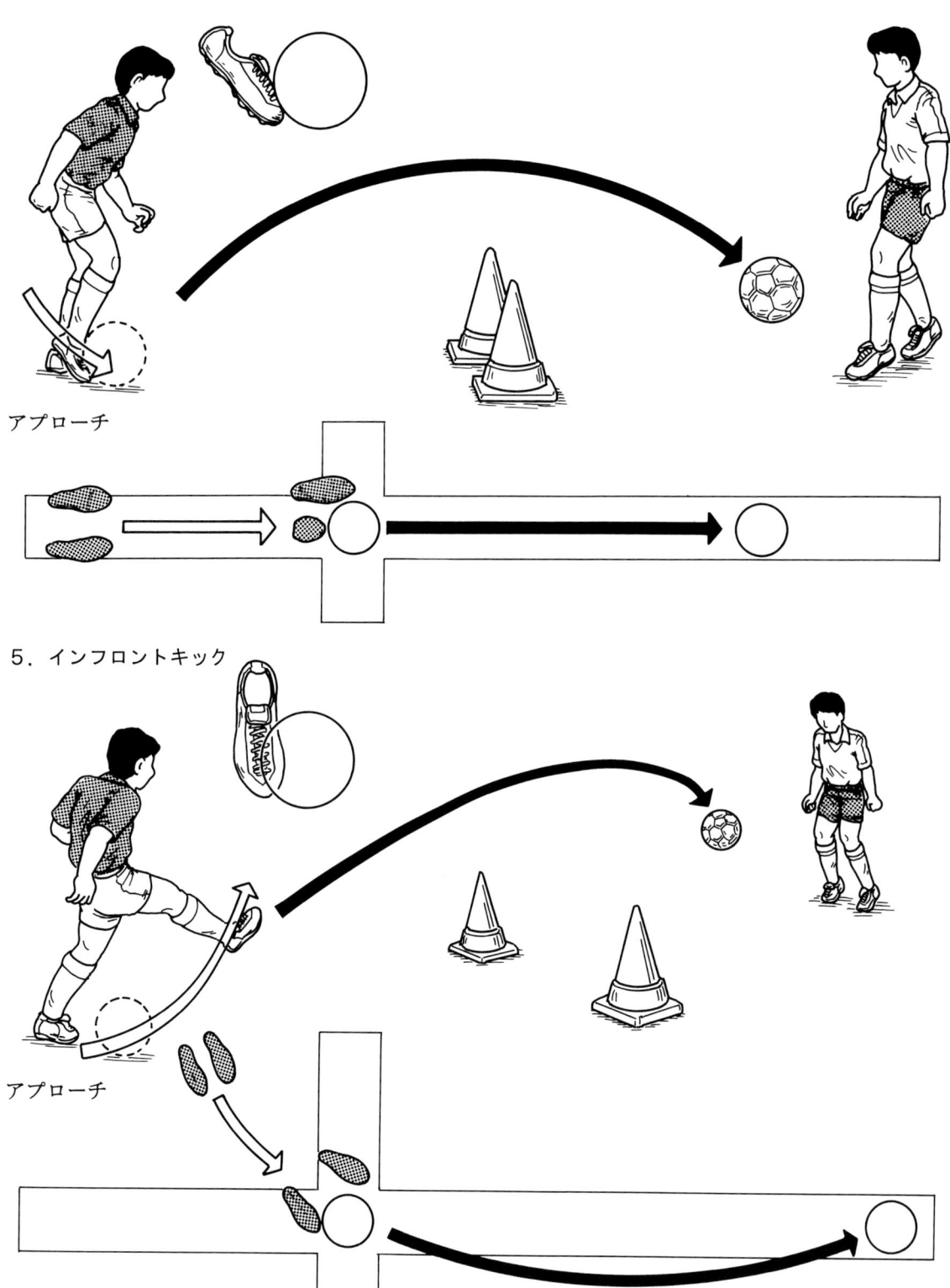

アプローチ

5．インフロントキック

アプローチ

6．アウトフロントキック

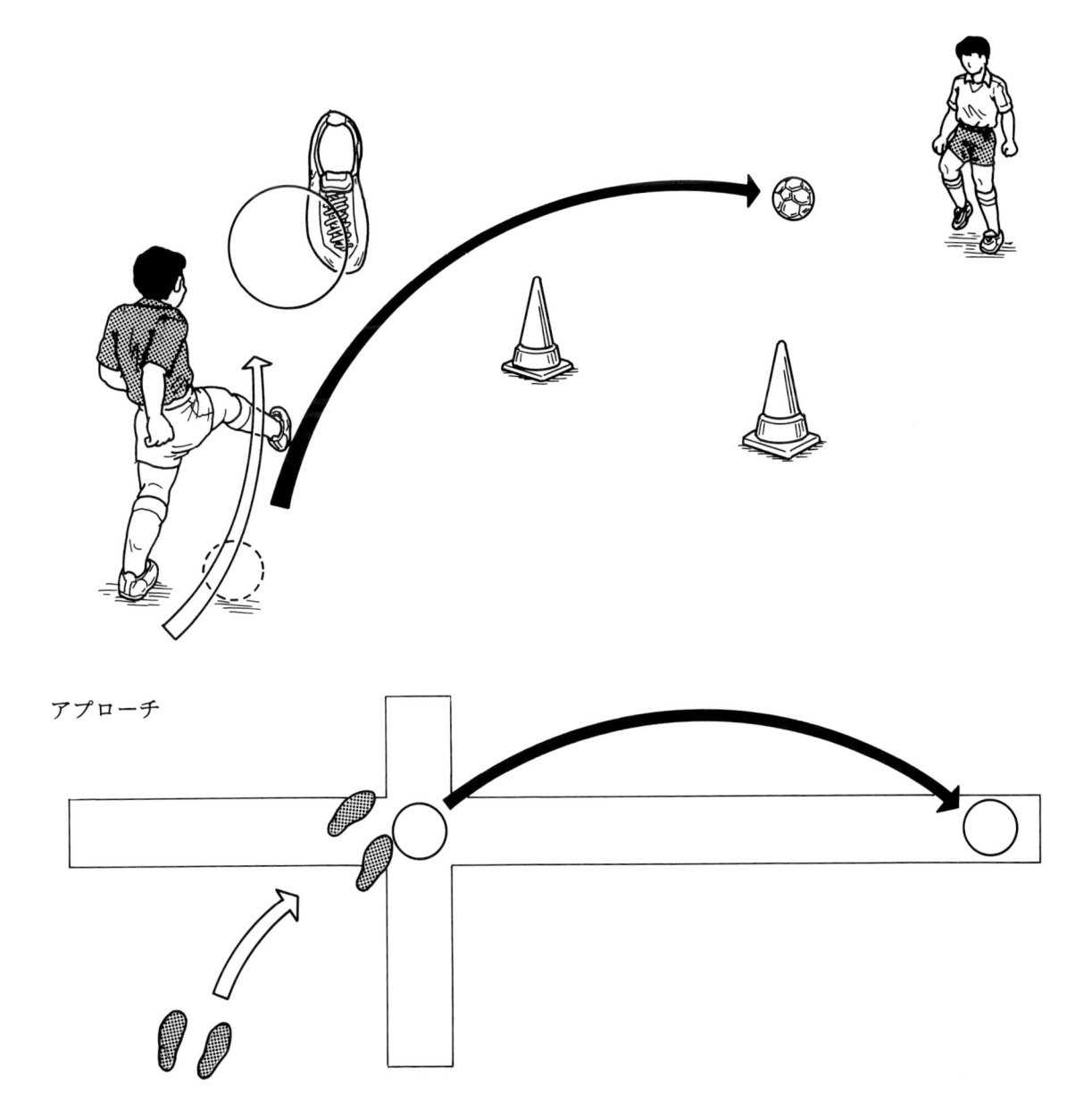

アプローチ

[練習のポイント]
1．アプローチはキックの種類によって異なります。（上図参照）角度を変えて練習し、自分に合った角度を探しましょう。
2．立ち足の位置と方向に気をつけましょう。
3．立ち足の膝を柔軟にしましょう。
4．ボールを当てる面をしっかりと固定しましょう。（サーフェイスの固定）
5．ボールをよく見て蹴りましょう。
6．蹴り終わった後のフォロースルーに注意して下さい。

［バリエーション2］

1．フリーキック的当て
- バーに当てる。
- バーにユニフォームなどを掛けてそれをねらう。
- バーの上に缶などを置いて倒す。

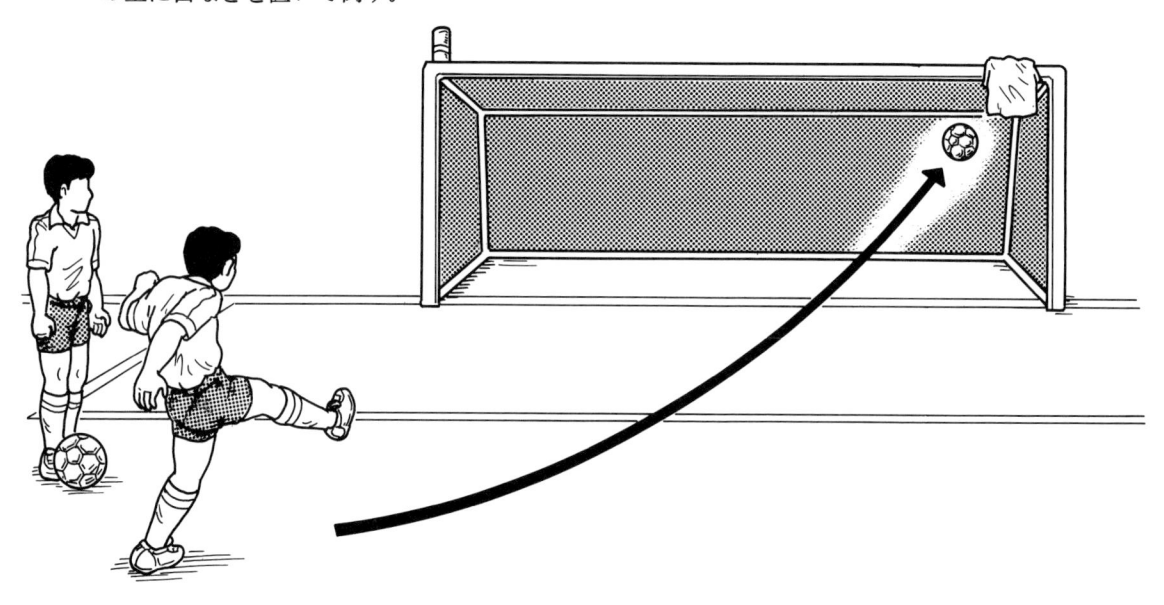

2．カーブをかけてゴールをねらう
- 角度のない位置から蹴ってゴールに入れる。

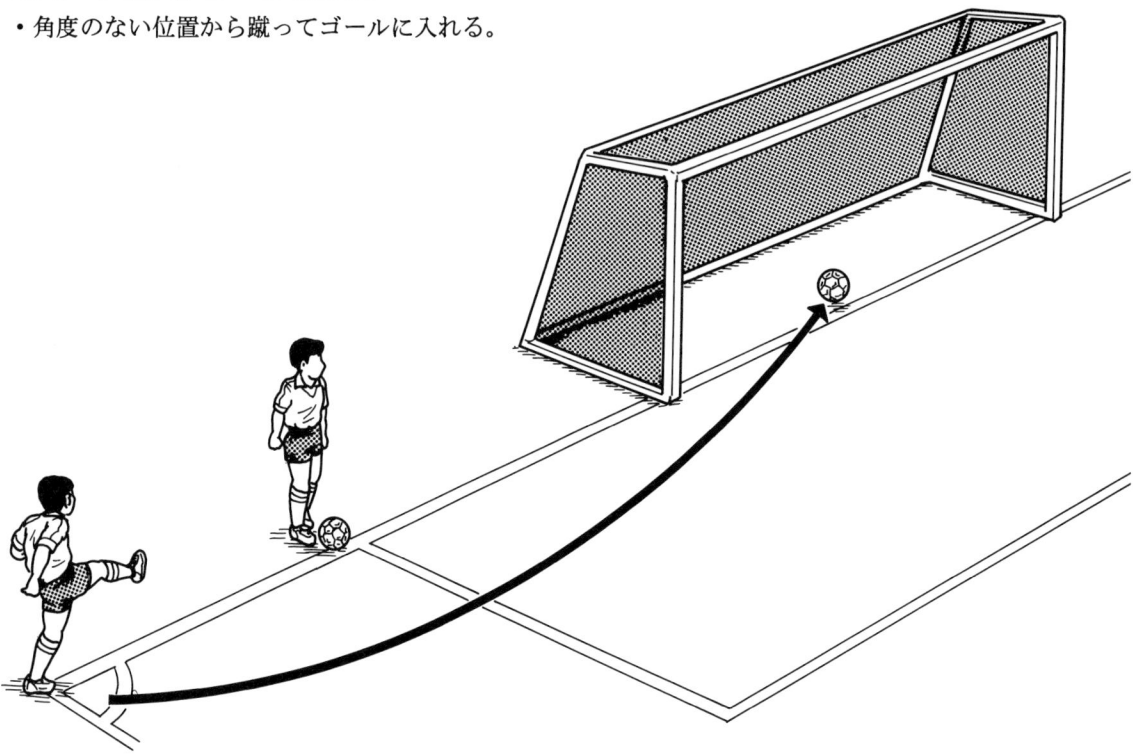

⚽ キック、コントロール(2)

クッションコントロール、ウェッジコントロール

[ねらい]　浮いて来たボールを、次のプレーに即したコントロールができるようにする。

練習　2人組で浮き球をコントロール

1．クッションコントロール

　ボールの当たる部位でボールの勢いを殺して、バウンドしないようにコントロールします。

　敵に囲まれているときなど、ピタッと止めたいときに有効です。

　接触面を引くことによってボールの勢いを殺してコントロールする技術です。

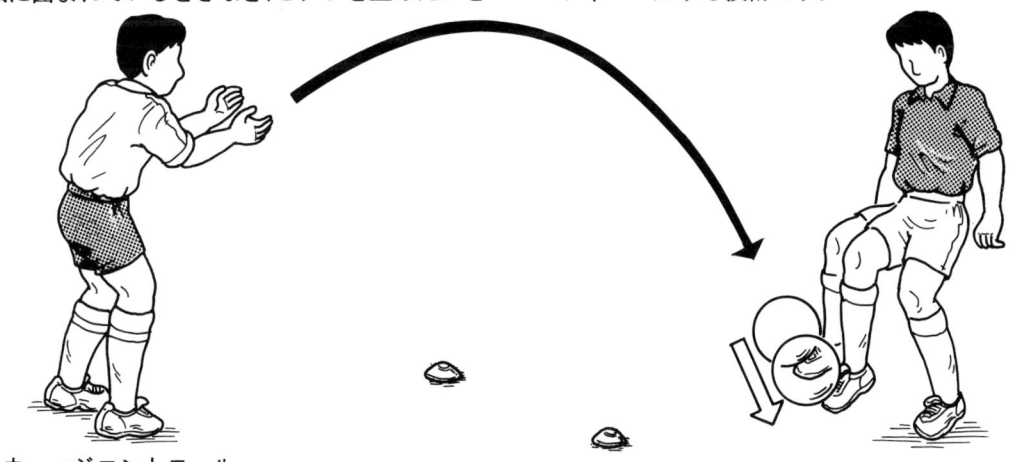

2．ウェッジコントロール

　インサイドやアウトサイドを使って、足と地面に角度を作ってはさむようにコントロールします。

　空いているスペースなどへコントロールするときに有効です。

　慣れてきたら、コントロールする方向と逆にフェイントを入れてみると、より実戦的になります。

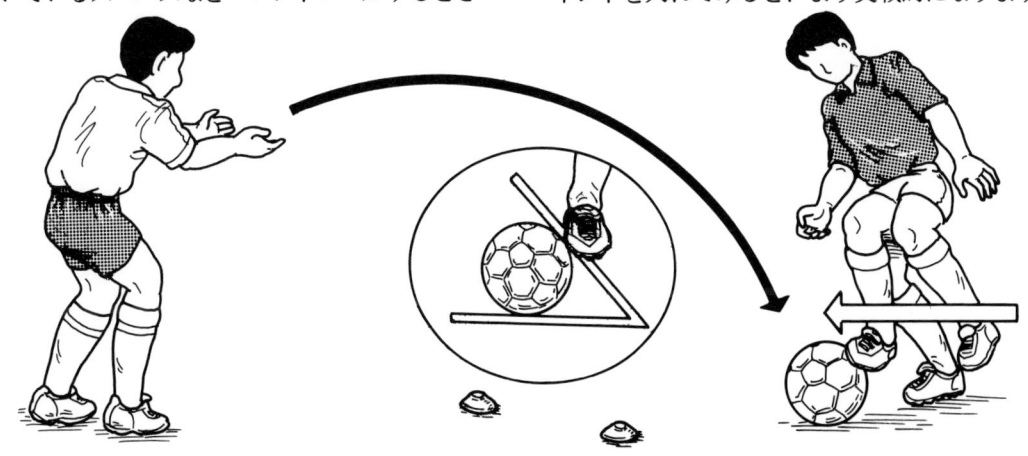

［練習のポイント］
1. 投げられたボールのコースにしっかり入りましょう。
2. 立ち足の膝を柔軟にしましょう。
3. 次のプレーに移りやすいところへコントロールしましょう。（足下に入れすぎず、大きくなりすぎず。）

［バリエーション］
　2人組で投げてもらうボールを変えてみましょう。
1. ヘディングでコントロールしてから ┐
2. ももでコントロールしてから　　　 ├ ウェッジコントロール
3. 胸でコントロールしてから　　　　 ┘

スキル2（パスとシュート）

ワンタッチコントロール

[ねらい]　次のプレーに即したコントロールができるようになる。

練習1　2人組でゴロのパスをコントロール

1. 相手から来たボールをインサイドでコントロール→パス　コーンの内側を通す。

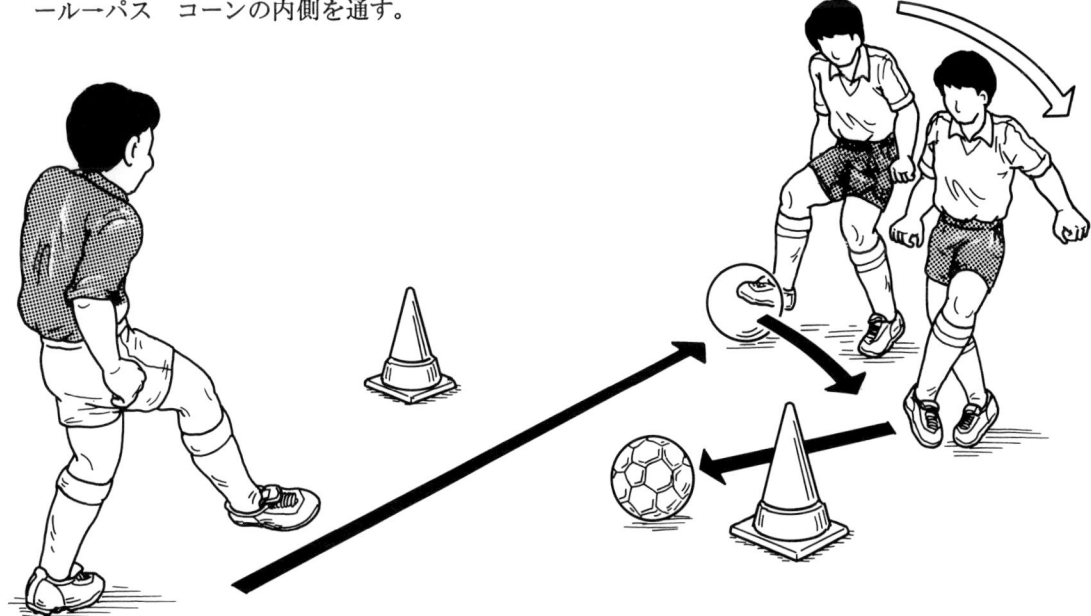

2. コーンの外を通す。

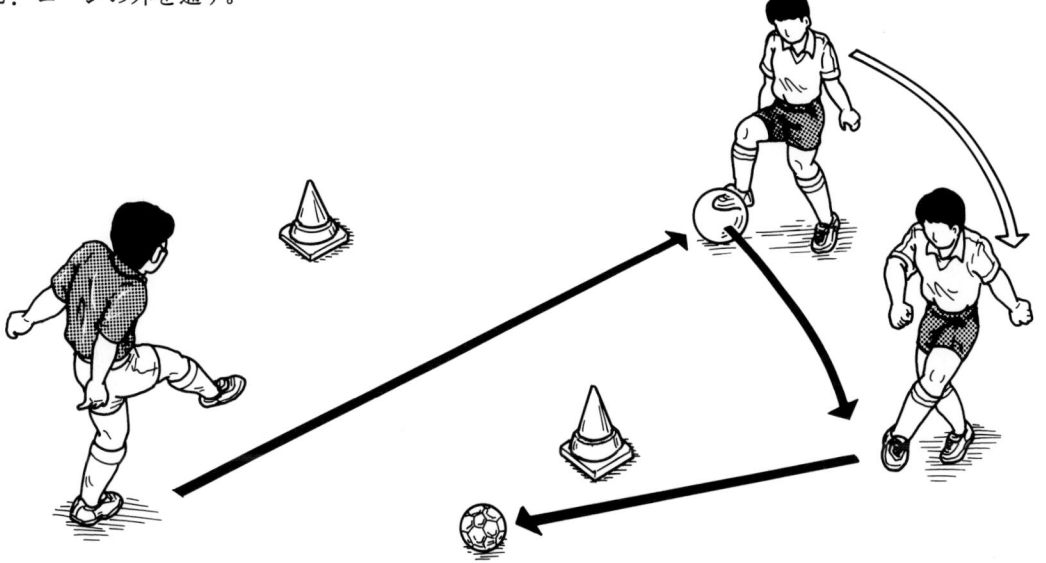

3．向かう方向に対して、近い足と、遠い足の両方を練習する。

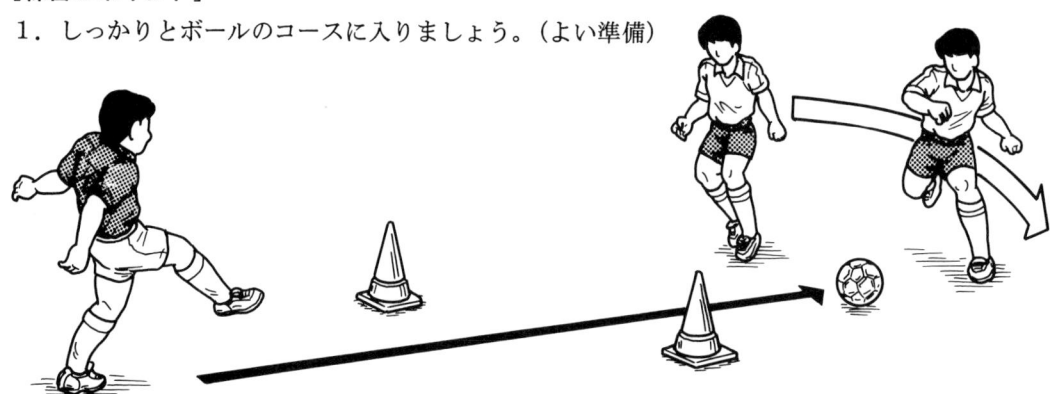

［練習のポイント］
1．しっかりとボールのコースに入りましょう。（よい準備）
2．次にプレーしやすいところへコントロール。
3．ボール（コントロール）→相手→ボール（キック）の順に視線を移動しましょう。

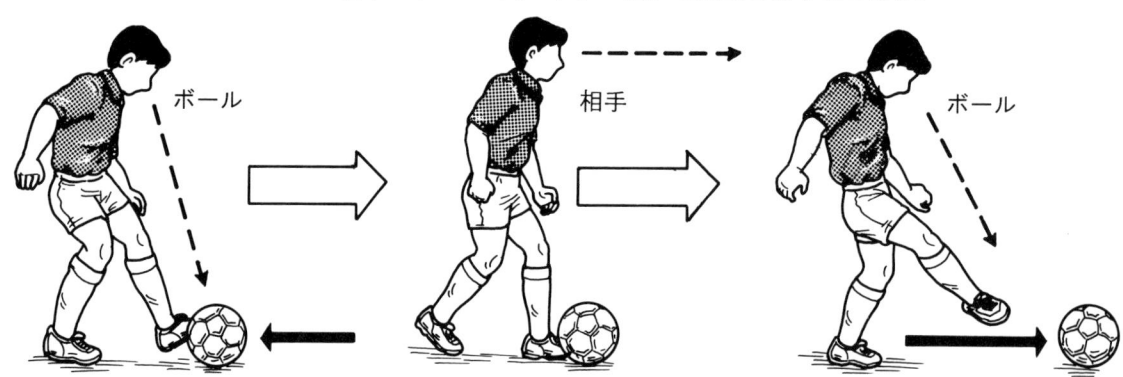

スキル2（パスとシュート）

練習2 小ゴールを使っての4vs4ミニゲーム

さまざまなキックを使って積極的にシュートをねらいましょう。

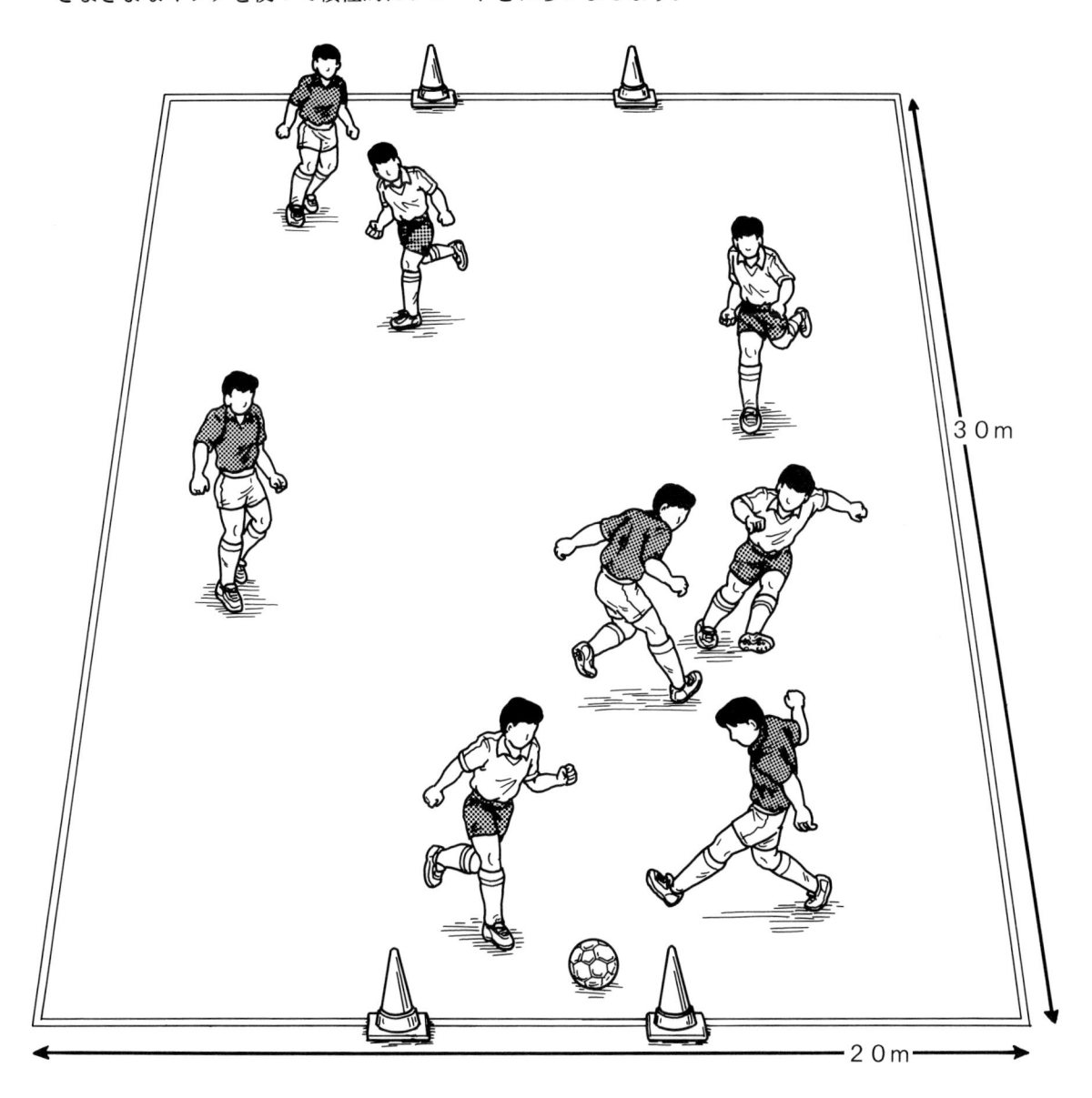

30m
20m

[練習のポイント]
1. いつでもシュートがねらえるようにボールとゴールが見える姿勢を作りましょう。
2. 積極的にシュートをねらいましょう。
3. ファーストタッチを次にプレーしやすいところへ正確にコントロールしましょう。

⚽ シュート

　攻撃における最終目的はゴールを奪うことです。その目的を実現させる技術がシュートです。よい展開からの攻撃もシュートが不正確では実を結びません。ここでは確実なシュート技術を学びます。

練習1　シューター vs ゴールキーパー

ドリブルをしてタイミング良くシュートを打ちます。

スキル2（パスとシュート）

[練習のポイント]
1．キーパーをよく見てコースをねらいましょう。（強さよりも正確性が重要です。）

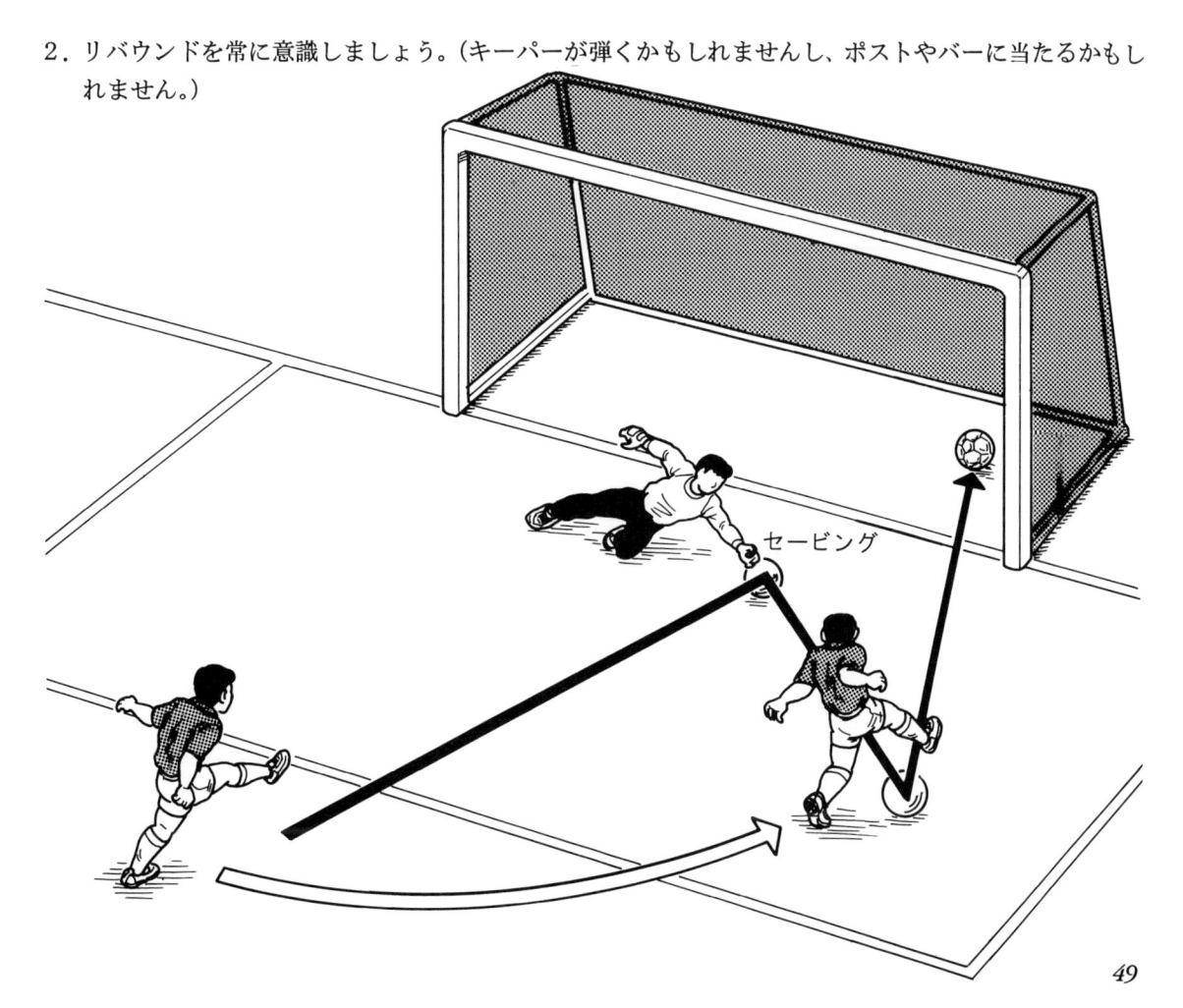

2．リバウンドを常に意識しましょう。（キーパーが弾くかもしれませんし、ポストやバーに当たるかもしれません。）

セービング

49

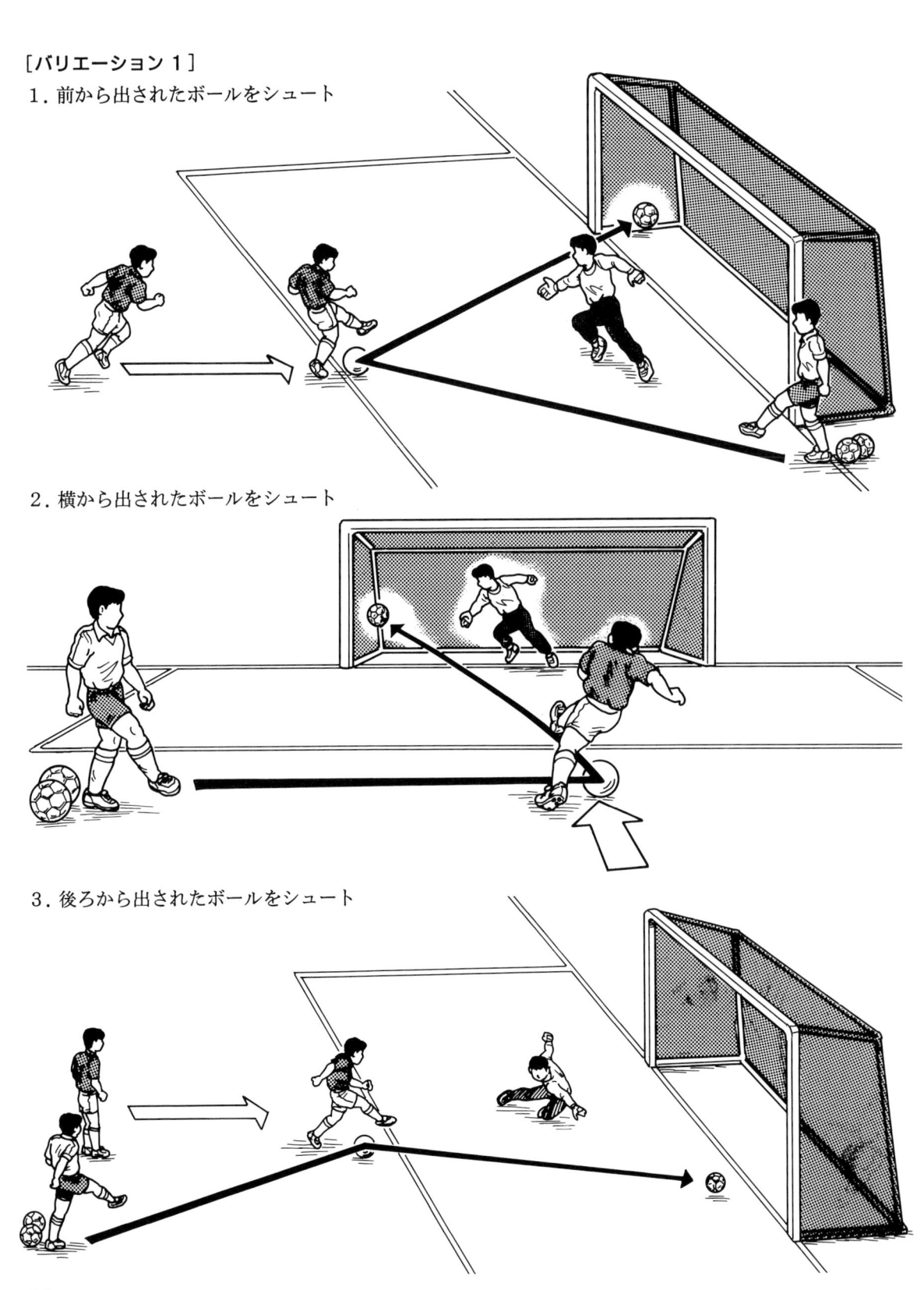

[バリエーション1]
1. 前から出されたボールをシュート

2. 横から出されたボールをシュート

3. 後ろから出されたボールをシュート

スキル2（パスとシュート）

練習2　大きいゴールを使って4vs4

[練習のポイント]
1．積極的にシュートをねらいましょう。（ただし、強さよりも正確性が重要です。）
2．ゴールとボールが見える体の向きを作りましょう。(Good Body Shape)
3．打った本人はもちろん、周りの生徒もシュートに対してリバウンドをねらいましょう。
4．攻守の切り替えを素早くしましょう。（切り替えが早ければチャンスも多くなります。）

30m〜35m

[バリエーション１]
シュートチャンスが少ない場合は攻撃側を２人多くして５vs３（３vs３＋２）でやってみましょう。
３vs３の中に、フリーマンの２人が入ります。
フリーマンは常に攻撃側の味方となります。
レベルによっては、フリーマンをツータッチ以下や、ワンタッチのみとするのもよいでしょう。

ヘディング(1)

　ヘディングは高い位置でボールを支配できる技術です。ゴール前などで、相手より高い位置で支配することが出来れば、攻撃側ならば得点チャンスに、守備側ならばピンチ脱出になります。怖がらずに練習しましょう。

練習1　1人でヘディング

・ボールを頭の上にのせる

・慣れてきたら連続でやってみる

・手で投げて当たる面を確認する

[練習のポイント]
1．ボールのコース（真下）にしっかりと入りましょう。
2．ボールをよく見ましょう。(目をつぶらない。)

スキル2（パスとシュート）

練習2　2人でヘディング

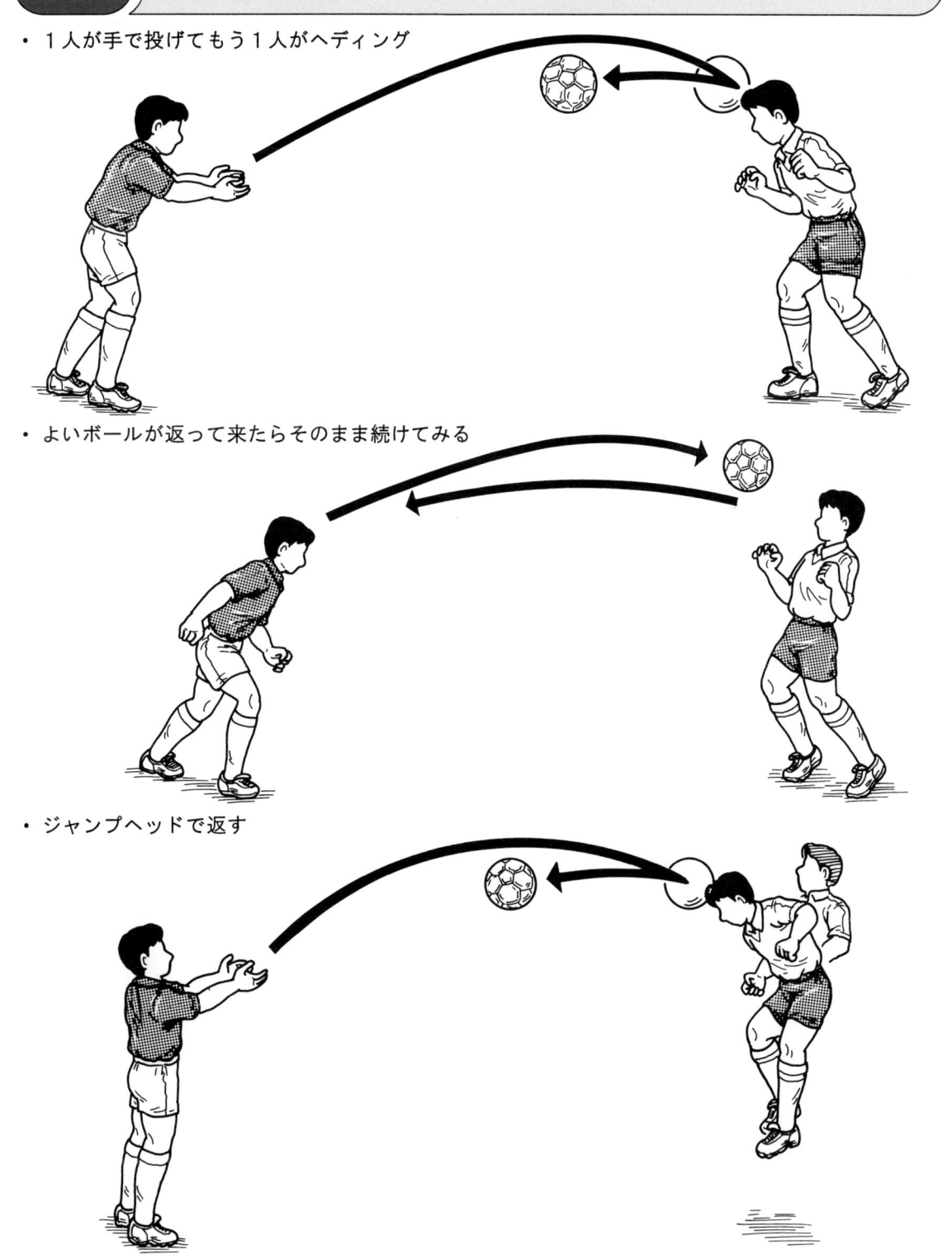

- 1人が手で投げてもう1人がヘディング

- よいボールが返って来たらそのまま続けてみる

- ジャンプヘッドで返す

・振り子のヘディング

［練習のポイント］
1．ボールのコース（真下）にしっかりと入りましょう。
2．ボールをよく見ましょう。（目をつぶらない）
3．顎を引き、首を固定しましょう。
4．上体をそり、腕の振りを上手に使いましょう。（特にジャンプヘッドのとき）

・スタンディングヘッド

スキル2（パスとシュート）

・ジャンピングヘッド

[バリエーション]
　手で投げられたボールをゴールに向かってヘディングでシュートします。しっかりとコースをねらいましょう。

55

ヘディング(2)

練習1 3人でヘディング

・3人で3角形を作ってヘディング（スタンディング）と（ジャンピング）

・3人が縦1列になって真ん中の選手がバックヘッドで後ろの選手へパスを出す。

[練習のポイント]
1. ボールのコースにしっかりと入りましょう。
2. ボールをよく見ましょう。（目をつぶらない）
3. 顎を引き、首を固定しましょう。
4. 上体をそり、腕の振りを上手に使いましょう。（特にジャンプヘッドのとき）

スキル2(パスとシュート)

[バリエーション1]
　3人1組になってヘディングでパスをつないでいきます。難しいときは、①はキャッチして②へ投げるという方法でやってみましょう。

[バリエーション2]
1. ハンドボールゴールを使っての5vs5ヘディングゲーム
　レベルにあわせてパスもヘディングで行うのもよいでしょう。ポイントはアイコンタクトとコミュニケーションの声です。

<ルール>
・ハンドボールと同じでパスは全て手で行う
・最後のシュートだけヘディングで行う。

2. お互いのチームに1人ずつフリーマンを入れる。
<ルール>
・フリーマン以外の生徒のパスは全てヘディングとする。
・ボールが地面に落ちた場合のみ、手を使うことが出来る。

| 練習2 | **4 vs 4 大ゴールクロスゲーム** |

中の選手は4vs4を行う。攻撃側は外の2人を使ってクロスからシュートをねらう。

［練習のポイント］

1. クロスボール（センタリング）に対してのポジショニングと、走り込むタイミングが大切です。
2. リバウンドをつめる意識を常に持ちましょう。

⚽ ゴールキーパー(GK)の練習方法

練習1 ボールを使った準備運動

1．床に座り自分の周りにボールを転がします。

2．足を開いて同様に行います。

3．足を開いて立ち、股の間を8の字に転がします。

4．交互に股の間でボールをキャッチします。爪先立ちでも行いましょう。

5．大きく反動を使って股の後方からボールを投げ上げ、前方でキャッチします。

6．後方でボールを投げ上げ素早く体を反転させて、反対側でキャッチします。

7．ボールを強くバウンドさせ最高点でキャッチします。

8．座った姿勢から同様に行います。

スキル2（GKの練習方法）

9．ボール3個を並べ、サイドステップで中央のボールを左右のボールの脇に置いていきます。

足を地面にするように、腰が上下しないように行う

10．2人1組になり、左右に出されたボールを正面でキャッチして返します。

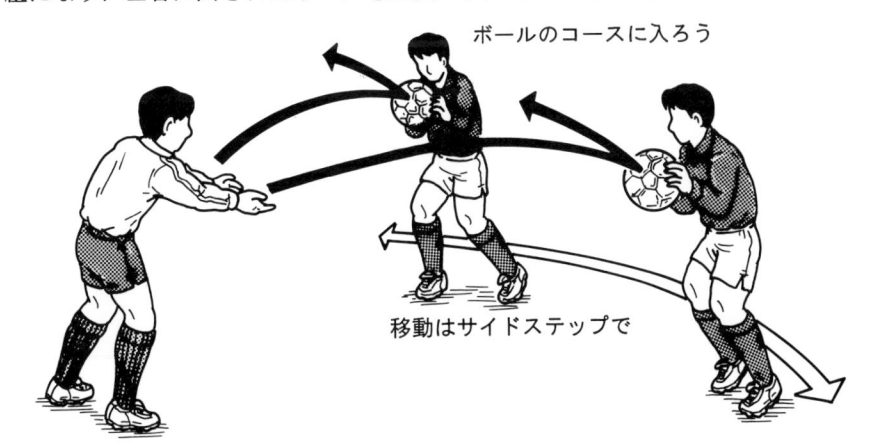

ボールのコースに入ろう

移動はサイドステップで

11．ボールを投げ上げ、前転してからキャッチします。

うまくできるようになったらジャンプしてキャッチしてみよう

61

練習2　キャッチング

　2人1組になりキャッチングの練習をします。
　基本姿勢は足を肩巾に開き、膝を軽く曲げて爪先立ちになり、手は腰の高さ程度にかまえます。

[バリエーション1]

　肩より高いボールはバスケットキャッチをします。
・ボールをよく見ましょう。
・ボールのコースに入りましょう。
・手のひらを大きく開き両手の親指と人差し指で三角形を作りましょう。
・腕を伸ばしクッションを利用しましょう。

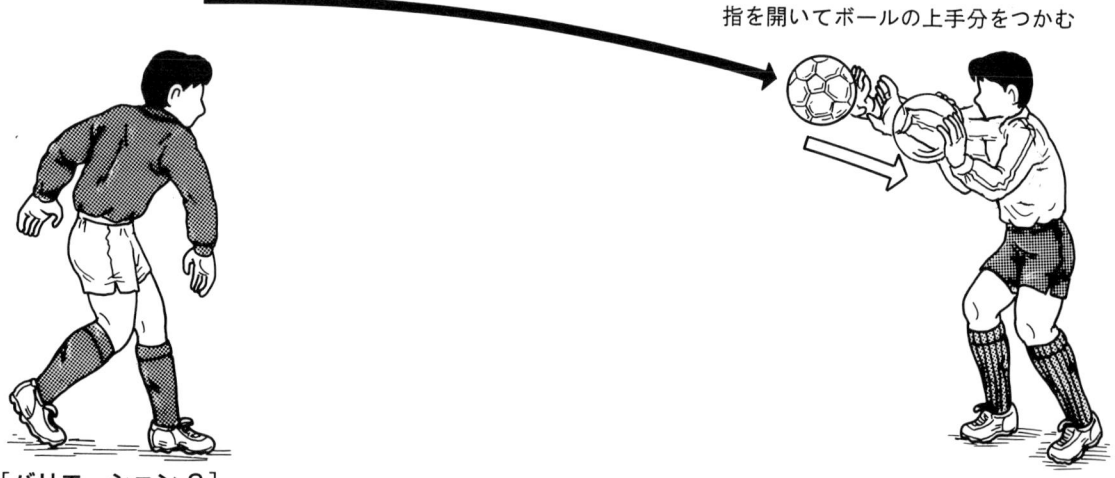

指を開いてボールの上手分をつかむ

[バリエーション2]

　胸より低いボールはネストキャッチをします。（アンダーハンドキャッチ）
・ボールのコースに入りましょう。
・基本姿勢をしっかりとりましょう。
・胸と腕でしっかり抱え込みましょう。
（両腕の肘を寄せて壁をつくる）
・ボールをむかえにいくように。

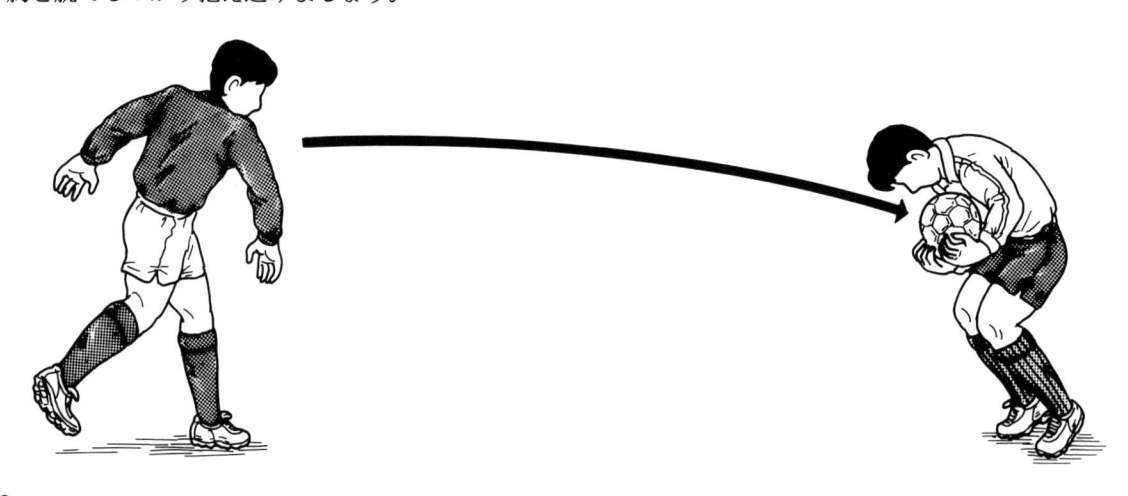

スキル2（GKの練習方法）

［バリエーション3］
　正面の弱いグラウンダーのボールをキャッチします。
・両足は揃えて閉じ、壁を作りましょう。

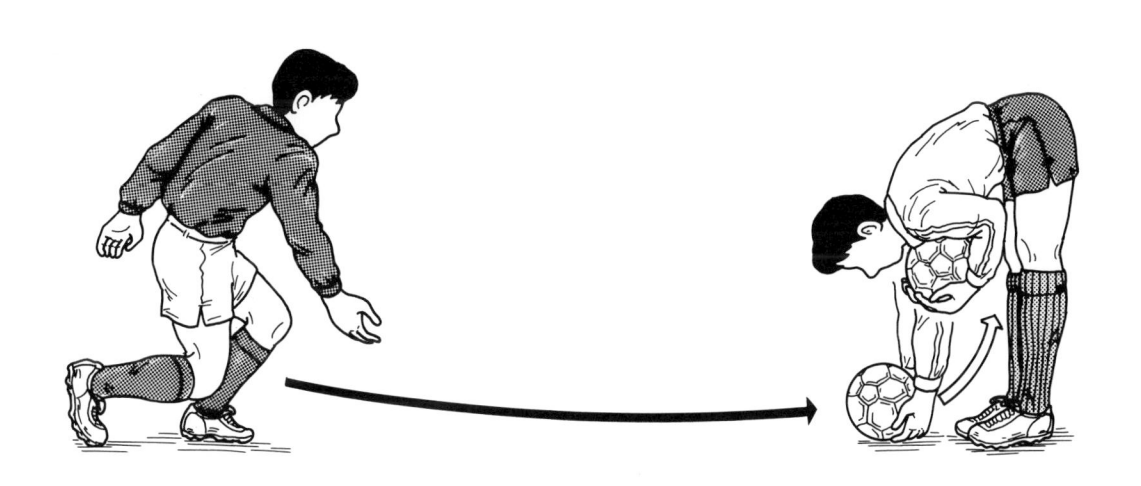

［バリエーション4］
　強いグラウンダー、横へのグラウンダーのボールをキャッチします。
・ボールに近い足で壁を作りましょう。
・逆足の膝を曲げ、さらに壁を作りましょう。
・重心は斜め前方に置きましょう。
・サイドステップでボールのコースへ入りましょう。

ボールをキャッチするとき、足を1歩踏み込むとよい

63

| 練習3 | ローリングダウン |

[バリエーション１]
　浮き玉のローリングダウン
・浮き玉の場合は、倒れる側の側面が弧を描くように足の下から倒れるようにしましょう。
・ボールのコースと垂直になるように斜め前方にボールをキャッチしに行きます。

[バリエーション２]
　グラウンダーのローリングダウン
・グラウンダーの場合は、ボールに近い手でボールコースを止め、逆の手で上から抑えるようにします。
・低い姿勢から斜め前方に１歩踏み出しましょう。

スキル2（GKの練習方法）

[バリエーション3]
サイドステップからのローリングダウン
- サイドステップからのローリングダウンの場合は、ローリングする側の足で踏み切りましょう。
- 身体の側面で地面を滑るようにボールをキャッチします。

*ローリングダウンの要領で浮き玉のダイビングキャッチもしてみましょう。

練習4　ゲーム形式の練習方法

[バリエーション1]
- 5m四方の範囲内にGKが入り、スローアーはコート内の前後左右にボールを投げ入れます。
- GKはバウンドさせないようにボールをキャッチします。
- ダイビングしなくてもキャッチできるボールはステップしてキャッチするようにしましょう。

65

［バリエーション２］
- コーンバーを渡し、二手に分かれます。
- そこから1.5m離れた５m四方内でそれぞれプレーします。
- フットボールテニススタイルで、スローインとキックを合わせて相手の範囲内にボールを入れます。
- 相手がボールをキャッチできなかった場合は、得点となります。

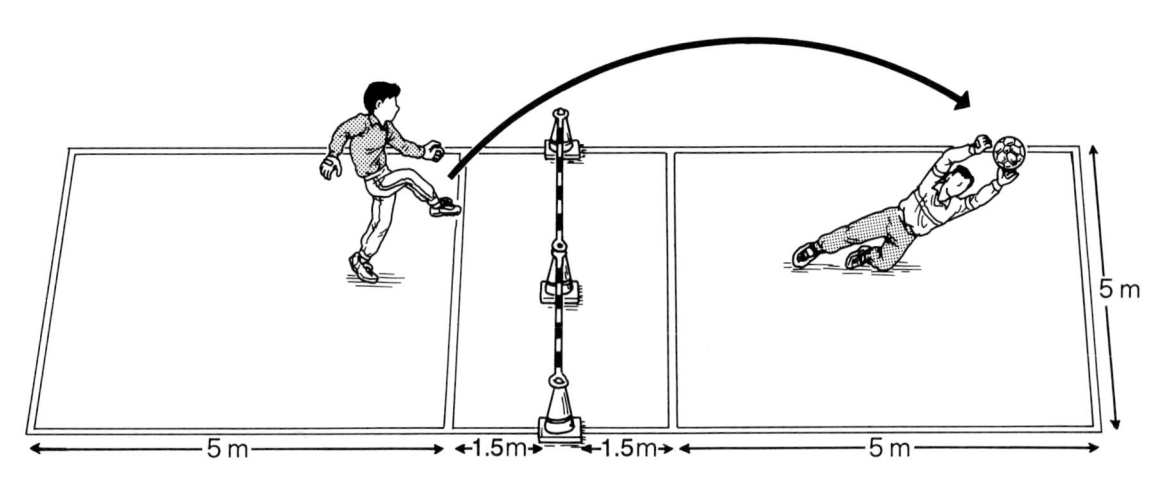

［バリエーション３］
- 40m四方のコートにコーンで４つゴールを設けます。
- ゴールにはそれぞれGKが入ります。
- ５対５に分かれて４つのゴールのいずれかを狙ってシュートを決めます。
- GKは自分の受け持つゴールを守ります。
- 適切なポジションをとるよう心がけましょう。

第3章
タクティクス(ゲームをつくる)

©アフロ・フォトエージェンシー

Good Body Shape（よい体の向きと姿勢）

　よい情報（見方、相手、ゴール、スペース）を集めなければ、よい判断はできません。ボールを持ったときは、ボールから目を離し顔を上げて攻撃方向を見ましょう。味方がボールを持ったときは、ボール保持者と攻撃方向を同一視できるポジション（体の向き）を取りましょう。そうすることにより、よりよい判断ができるようになります。

1歩踏み込んでのコントロール

[ねらい]　攻撃方向を向くために必要な「半身の姿勢」をとるための導入練習。

練習1　パスされたボールを1歩踏み込んで、インサイドキックで返す

<イメージ>前を向こうとした（ゴールを目指そうとした）が、ディフェンスが来たので一端パスで逃げるという感じをイメージして下さい。

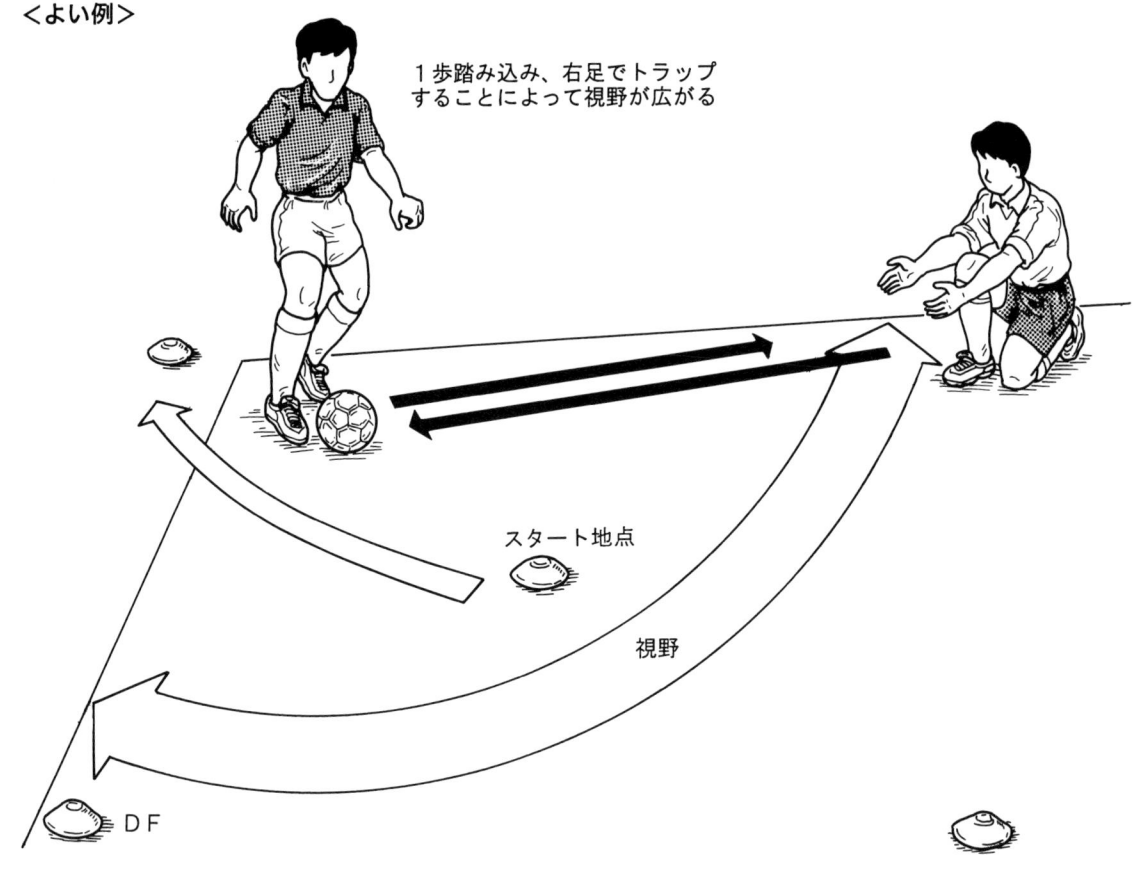

<よい例>

1歩踏み込み、右足でトラップすることによって視野が広がる

スタート地点

視野

DF

タクティクス(ゲームをつくる)

<悪い例>

DFがまったく見えていない

スタート地点

視野

DF

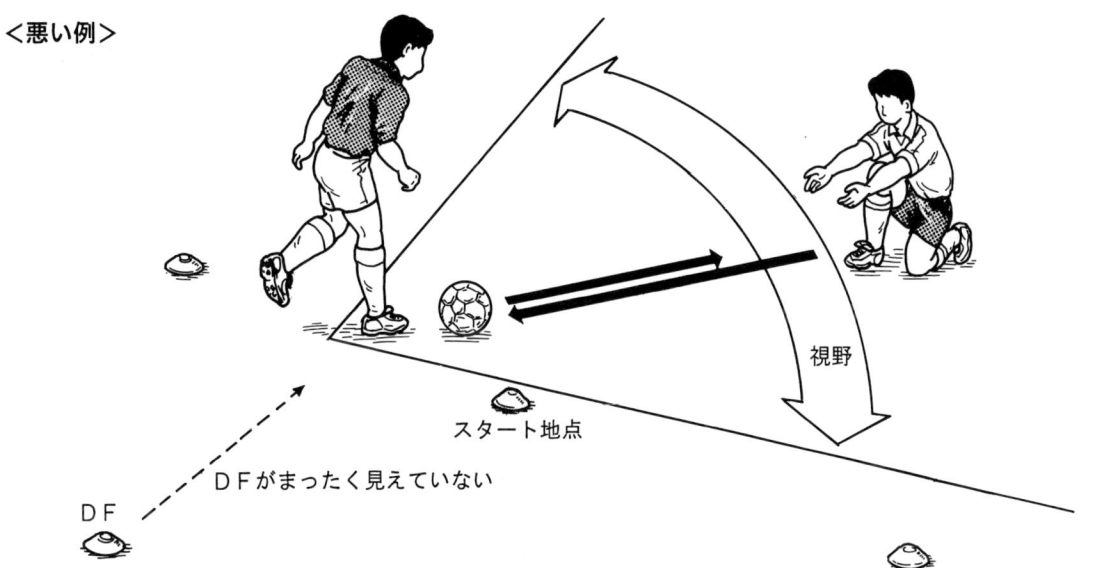

2人1組を作り、1人は手でボールを転がし、1人は1歩踏み込んでボールを返します。

＊なれてきたら、3人1組を作りダミーのディフェンスを付けて、練習してみましょう。

練習2 パスされたボールを1歩踏み込んでパスを返さずに、ターンをしてドリブルに入る

<イメージ>ディフェンダーが来ていないので、ターンをして攻撃方向に向かってドリブルする感じです。

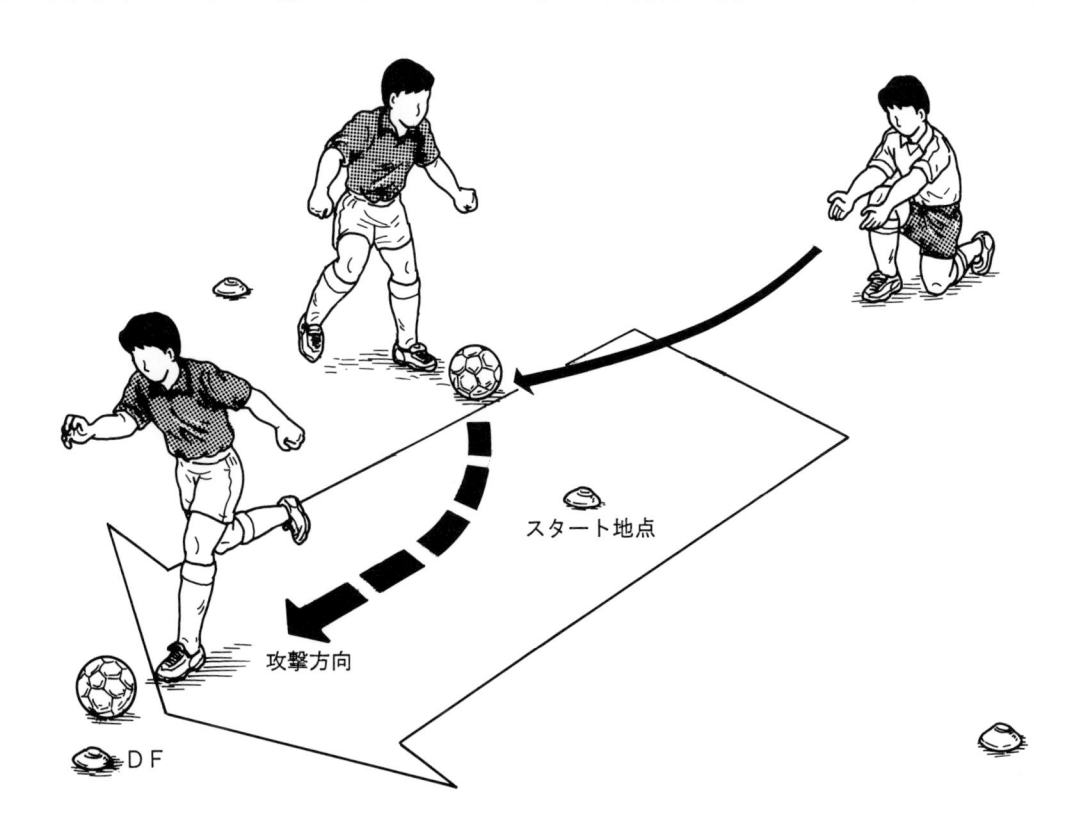

スタート地点

攻撃方向

DF

69

2人1組を作り、1人は手でボールを転がし、1人は一歩踏み込みターンをしてドリブルに入ります。

[練習のポイント]

| 1．ボールに対してへそを向けないで、半身の姿勢をとりましょう。 |

⇩

| 2．半身になることによって攻撃方向（相手のゴール）やディフェンダーが見えるようになります。 |

⇩

| 3．攻撃方向（相手のゴール）やディフェンダーが見えると、次のプレーへのよい判断ができるようになります。 |

＜ドリブルかパス（シュート）か＞
・敵が来ているので、パスを選択。
・敵が来ていないので、前を向いてドリブルを選択。
・ゴールが空いている（シュートコース）のが見えたので、シュートを選択。
・敵は来ていないが、もっとよい状態の味方がいたので、パスを選択。
＊半身の姿勢をとることによって、プレーの選択肢がこのようにどんどん増えます。

＊なれてきたら、3人1組をつくりダミーのディフェンスを付けて、練習してみましょう。

―――※ワンポイントアドバイス―――
　ボールを投げる生徒は、プレーヤーが2歩、3歩と踏み込まなければいけないような遠いところに出さないで、1歩踏み込んだ状態で、確実に半身の姿勢がとれる場所に出してあげましょう。

タクティクス（ゲームをつくる）

3vs1でのボールキープ

[ねらい]　敵を付け、より実践的な状態の中でよい体の向きを作る。

練習　3vs1ボールキープゲーム

＜イメージ＞常に、ボール保持者ともう1人の味方が見えるような、体の向きを作りましょう。

　4人1組を作り、8m～10m四方のグリッドの中に入ります。3人が周りでパス回しをして、1人がボールを取りに行きます。
　外側の3人は、ツータッチ以下でパス回しをします。はじめ中の選手はゆっくりと取りに行きましょう。（外の生徒がよい体の向きを作っているか状況をよく観ているか確認）
　できるようになってきたら、徐々にプレッシャーを早くしてみましょう。

＊生徒のレベルによって、グリッドの大きさを広げたり、縮めたりしてみましょう。広げることによって、ディフェンダーが寄ってくるまでの時間が長く（遅く緩やかに）なります。逆に縮めると、短く（早く、厳しく）なります。

＊また、周りの選手に対してのタッチ制限をフリーにしたり、ワンタッチにしたりしてみるのもいいでしょう。

＜狭いとプレスが厳しくなる＞

＜広いとプレスが緩やかになる＞

[練習のポイント]

1．パスを受けるときは、ボールから遠い方の足で受けると、自然によい体の向きができます。

＜よい例＞

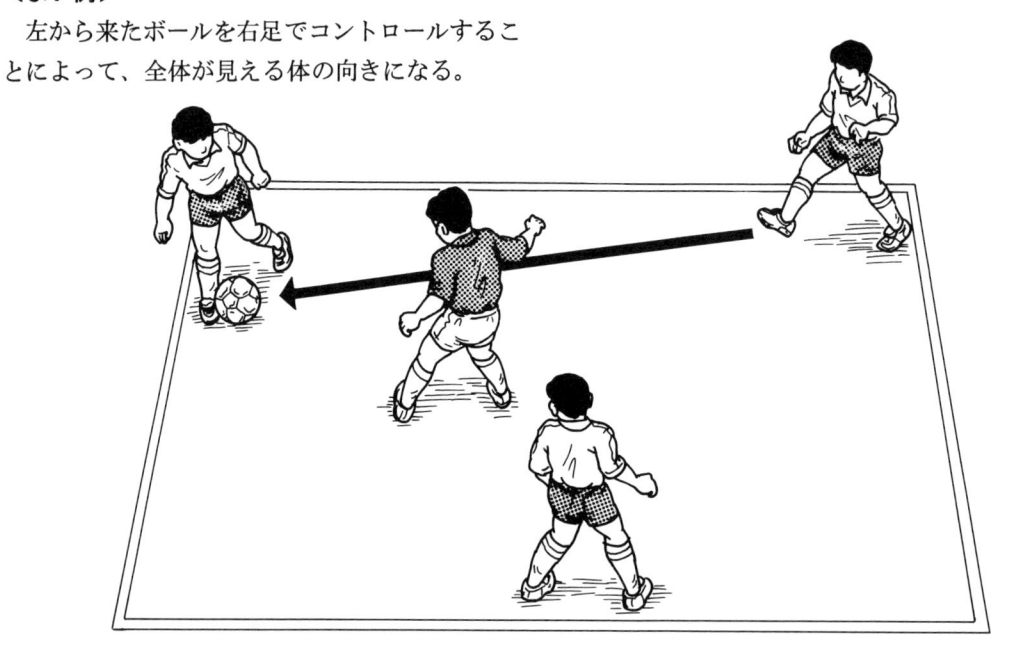

　左から来たボールを右足でコントロールすることによって、全体が見える体の向きになる。

タクティクス（ゲームをつくる）

<悪い例>
　左から来たボールを左足でコントロールすると、全体が見えない。

2．「方向」「強さ」「タイミング」などパスの質を考えましょう。
「方向」……右足に出すのか左足に出すのかで受け手の次の判断が変わってしまいます。

<よい例>
　右足の方向に出してあげれば、受け手はよい体の向きで受けられ、よい判断ができるようになる。

<悪い例>
　左足の方向に出すと、受け手は悪い体の向きで受けてしまい、よい判断ができなくなる。

73

「強さ」……弱いスピードだと受け手がすぐに敵に寄せられてしまいます。
＜よい例＞
　パススピードが速いと、受け手も次のプレーまで余裕がある。

＜悪い例＞
　パススピードが遅いと、受け手は相手に早く寄せられて余裕がなくなる。

「タイミング」……受け手が敵に寄せられる前に出す。
＜よい例＞　　　　　　　　　　　　　　　　＜悪い例＞

※ワンポイントアドバイス

　Good Body Shape（よい体の向き）を意識させるために、外側の選手は、ボールから遠い方の足でコントロールしなければ交代するというルールでやるのも１つの方法です。

　また、パスの質についても、仲間同士が審判になって何が悪かったのかを判定し、ミスをした生徒が中にはいるといったルールも面白いでしょう。

タクティクス(ゲームをつくる)

ターン&マノン

[ねらい]　補助手段としての有効性とボディシェイプとの関わり。

　試合中に前を向けるのに、前を向かない。敵が来ているのにわざわざ前を向こうとしてボールを取られてしまう、という状況があります。このとき、まわりの選手がプレーヤーに対して「ターン」や「マノン」（Ｍａｎ Ｏｎ………相手が来ている）といった指示の声（言葉はチームで決めるとよいでしょう）を出してあげることによって、プレーヤーはよりよい判断ができるようになります。

| 練習1 | 敵のいない状態の中でよい指示を出す練習 |

3人1組をつくり、2人が外になり中の選手にパスを出します。そのときに外の生徒は「ターン！」や「マノン！」といった指示の声を出します。

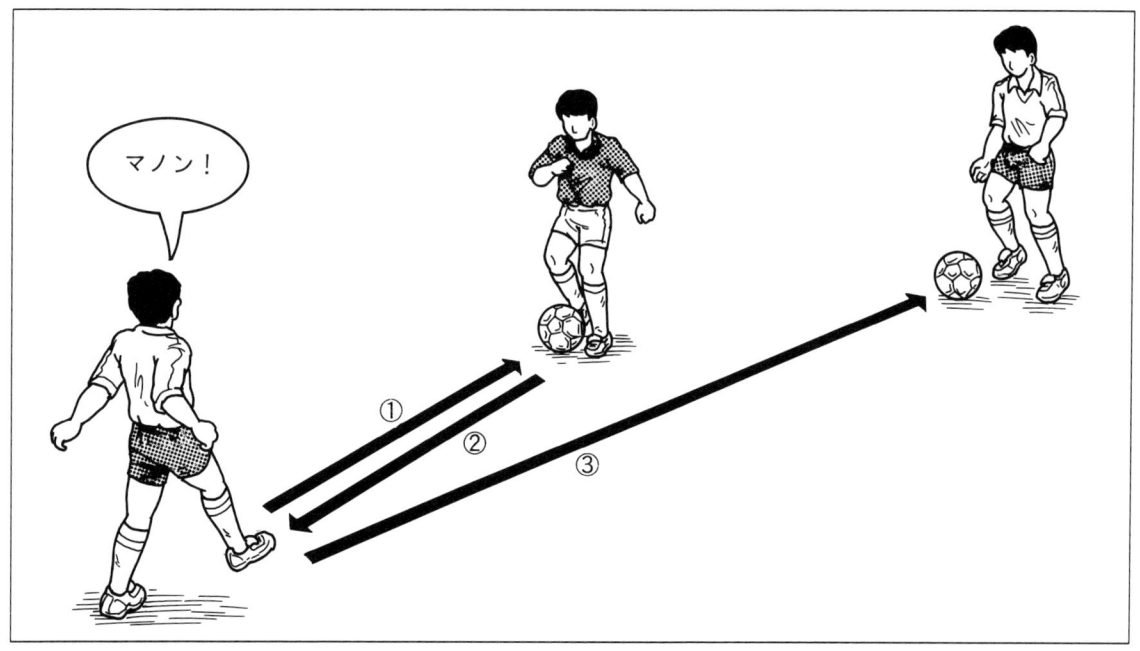

［練習のポイント］

1. ボールにへそを向けないで、半身の姿勢をとりましょう。

2. 外の2人は、大きな声で指示を出しましょう。

タクティクス(ゲームをつくる)

練習2 敵を付けた状態の中でよい指示を出す練習

　4人1組をつくり2人が外、2人が中になり、中の内1人はディフェンスをします。中のディフェンスの状況によって、外の2人は「ターン」なのか「マノン」なのか指示を出します。

　はじめは中のディフェンスは、外の選手に状況がはっきり判断できるように動いてあげましょう。

「ターン！」

「マノン！」

[練習のポイント]
1. ボールにへそを向けないで、半身の姿勢をとりましょう。
2. 外の2人は、大きな声で、タイミングよく的確な指示を出しましょう。
3. 「ターン」ならばディフェンダーに近い足のインサイドでコントロールしましょう。(少しでも早く前を向いて相手ゴールを目指すためです。)「マノン」ならばディフェンダーより遠い足のアウトサイドでコントロールしましょう。(少しでもディフェンダーからボールを離して取られないようにするためです。)

<ターン> <マノン>

※ワンポイントアドバイス

・ボールを受ける前は半身の姿勢でいるのに、受ける直前にはボールにへそが向いてしまう生徒がいるので注意しましょう。

・出来るだけ、ディフェンスの状態をぎりぎりまで見てから指示の声を出しましょう。

[バリエーション2]

・外5人、中4人（1人は敵）での練習。外の5人が中の3人へパスを出し、その際中の1人の選手がボールを取りに行きます。

・人数によって、中の敵を増やしたりボールの数を増やしたりしてみましょう。

・「ターン」「マノン」の指示をはっきり出しましょう。

「マノン！」

タクティクス（ゲームをつくる）

練習3　4vs4 スモールサイドゲーム

より実践的な状況の中で「Good Body Shape」や「ターン！」「マノン！」といった指示が的確に行えるかを試してみましょう。

40m
30m

[練習のポイント]
・よい体の向きができていないと、的確な判断ができない。→Good Body Shape！
・的確な指示が出されているか。→指示の声

壁パス

　いくら1vs1が強いからと言って、いつどんなときでも相手を抜けるとは限りません。
　そこで、壁パスを使って相手を抜くという方法があります。壁パスとは2人のパスの受け渡しで相手を突破する方法です。1人で抜くよりも効率的で、有効な突破の方法と言えるでしょう。

アイコンタクト

　2人1組になり、1人がドリブルでコーンを回り、アイコンタクトをしてもう1人へパスを出します。パスを出したら、隣のコーンへ行って今度は受け手になります。

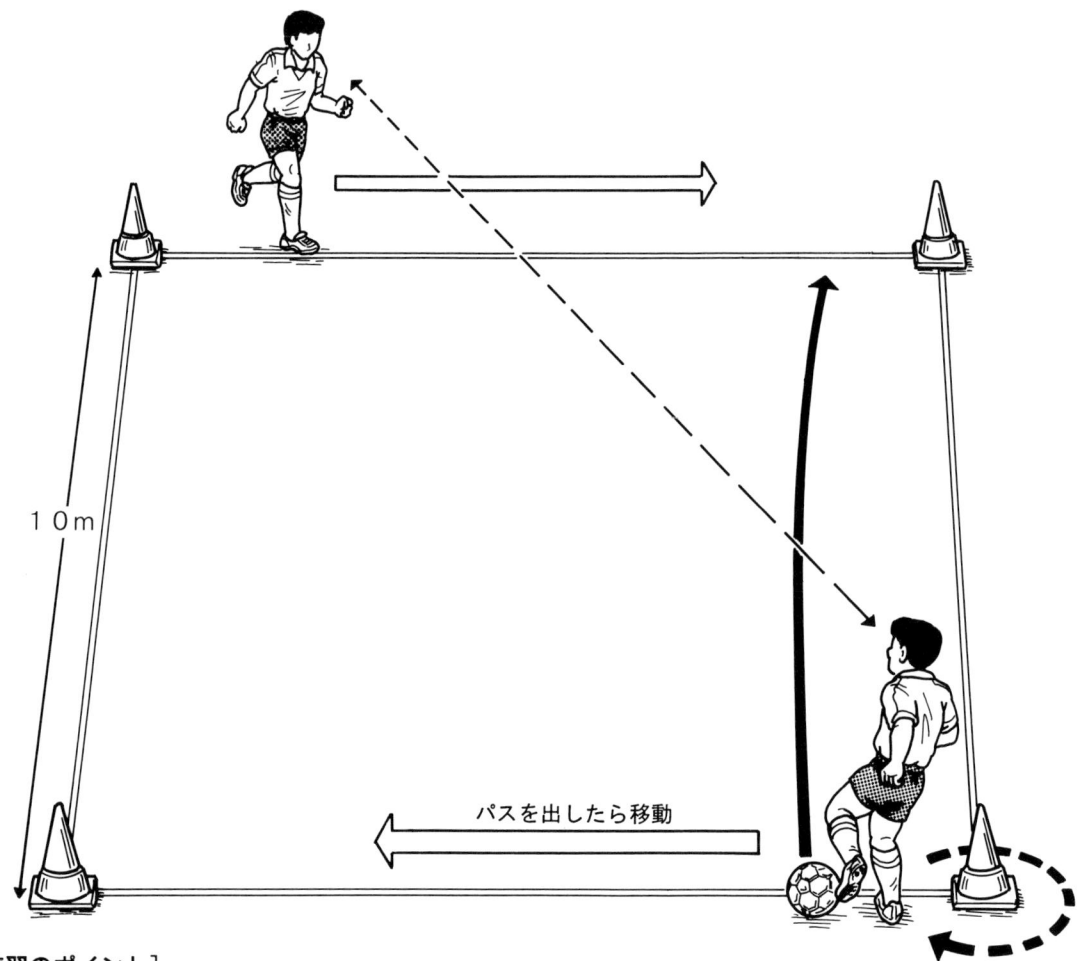

10m

パスを出したら移動

[練習のポイント]
　アイコンタクトのタイミングで動き出し、パスを受けましょう。
　受け手は、ボール保持者の顔が上がり目と目が合った瞬間、つまりアイコンタクトしてから動き出しましょう。

タクティクス(ゲームをつくる)

2vs1でのボールキープ

　3人1組になり、2vs1のボール回しをします。DFの選手は、積極的にボールを奪いに行きましょう。

　FWの選手2人は、壁パスを上手く使ってボールを奪いにくる相手を突破しましょう。

　FWの選手は、ボールを奪われたらDFと交代します。

［練習のポイント］
1. アイコンタクトと声でコミュニケーションを取りましょう。
2. 突破するためには、DFを十分に引きつけることが大切です。
3. タイミング、強さ、方向などパスの質を考えましょう。

＜よい例＞　　　　　　　　　＜悪い例＞

引きつけていないと、早く寄せられてしまう

1vs1＋2ラインゴール

　4人1組になり、内2人が中で1vs1をします。他の2人はラインの外にいてボール保持者の味方をします。（外の選手はなるべく2タッチ以下でプレーします。）

　中の選手は、外の選手を上手く使って突破をします。ＤＦになったら積極的にボールを取りに行きましょう。（ボールを奪わないと攻撃は出来ません。）

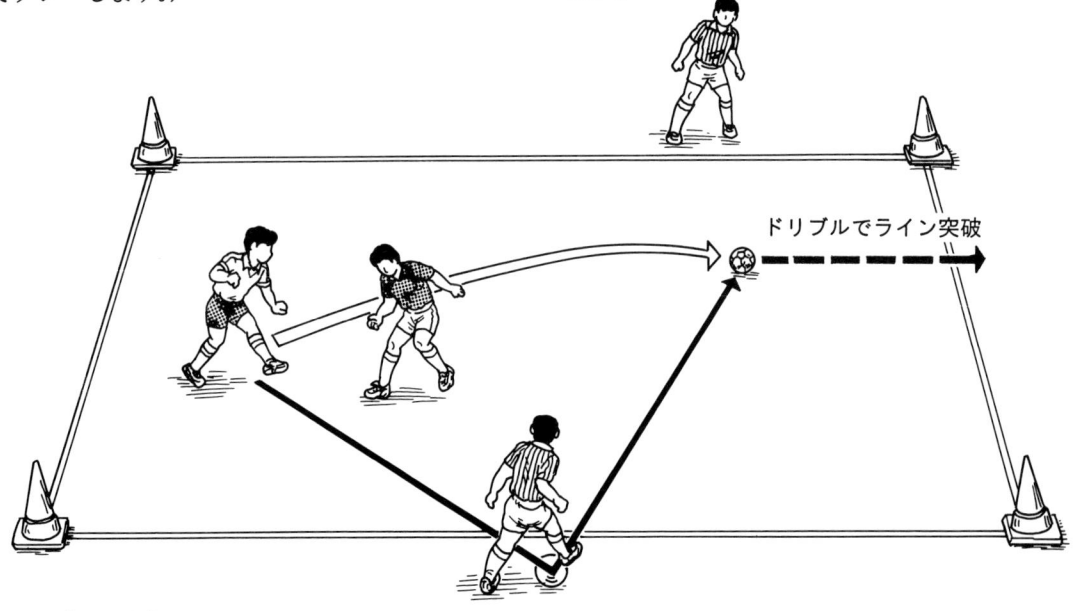

ドリブルでライン突破

［練習のポイント］
1．パスなのかドリブルなのかしっかり判断しましょう。
2．アイコンタクトと声でコミュニケーションを取りましょう。
3．外の2人はボールが受けやすい位置へ動いてあげましょう。

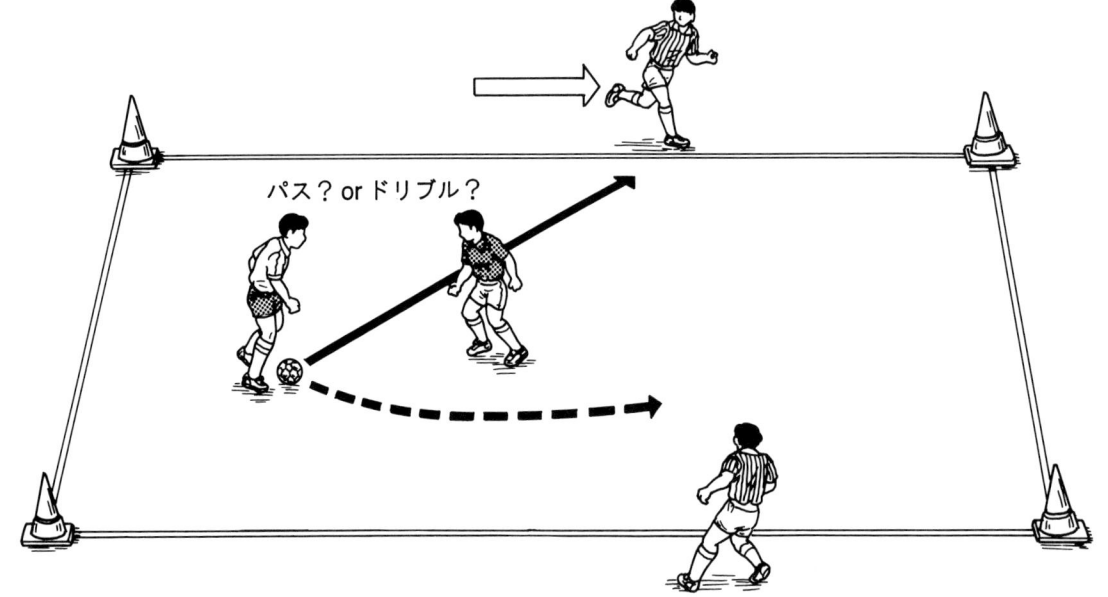

パス？orドリブル？

タクティクス(ゲームをつくる)

8vs8 壁パスゲーム

8人1組を作ります。中が4vs4で他の4人は、外で図のような配置になります。外にいる選手は、中に入ることは出来ません。

中の選手は外の選手を上手く使い、攻撃を組み立てます。

[練習のポイント]
1. 攻撃側は積極的にシュートをねらいましょう。
2. 外の選手はボールの受けやすい位置に動き、積極的にゲームに参加しましょう。
3. アイコンタクトと声でコミュニケーションを取りましょう。

[バリエーション]
中の人数を変えてもよいでしょう。(例：2vs2)

コンビネーションプレー

コンビネーションプレーは、仲間と協力して相手ディフェンスを突破する方法です。
Good Body Shapeで状況を的確に判断しながら、練習しましょう。

ゲーム中に、マン・マークで突破できないとき、あるいはボール保持者が前を向けないようなときに、クロスオーバーのようなコンビネーションプレーが有効な戦術になります。

クロスオーバーからシュート

1人がコーン①に向かってドリブルをします。もう1人とコーン①の手前でスイッチをしてボールの受け渡しをします。

はじめは、図のようにコーンを置いてやりましょう。慣れてきたら、ドリブラーにDFを付けてやってみましょう。

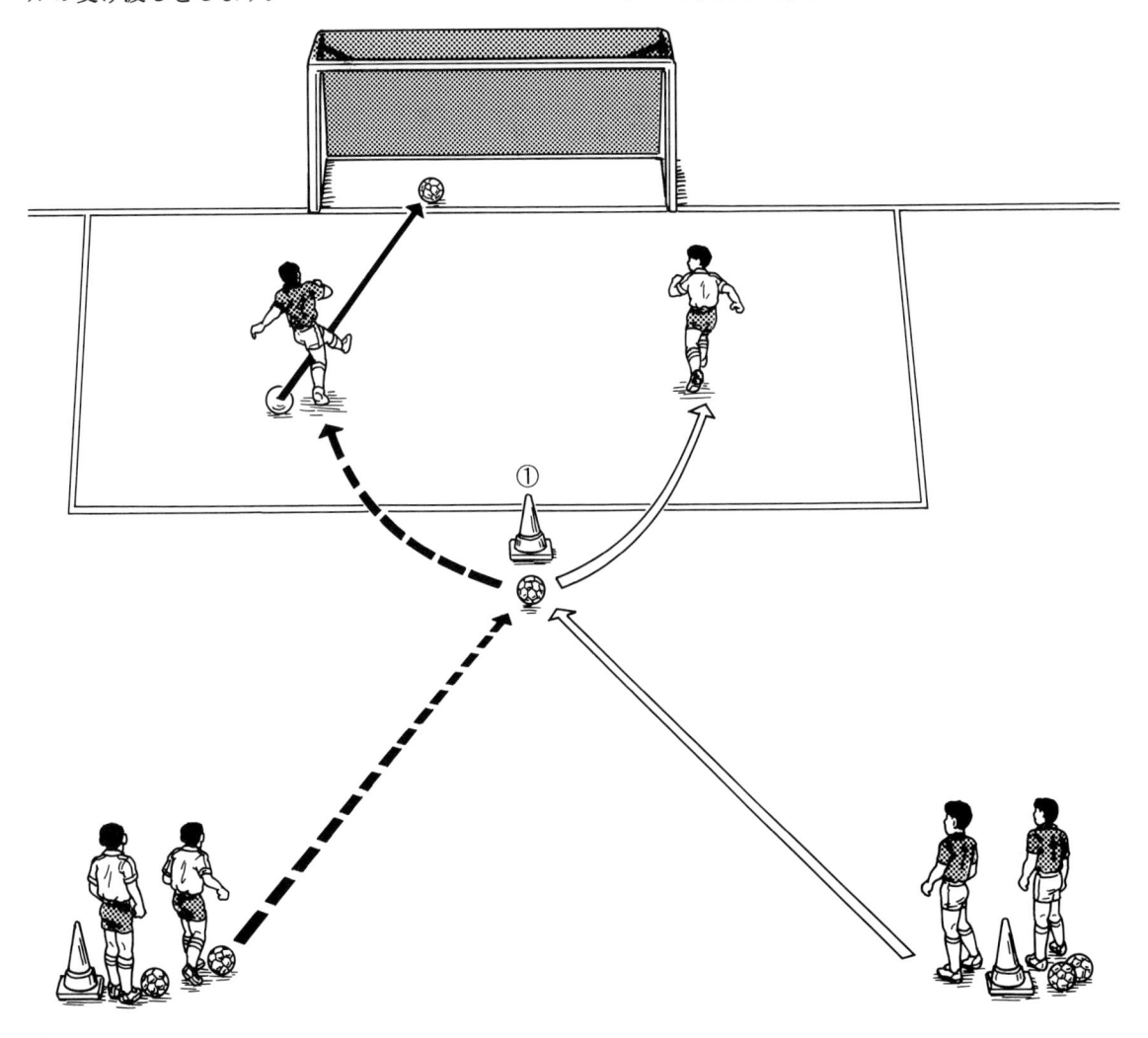

タクティクス(ゲームをつくる)

[練習のポイント]
1. 声を出してしっかりとコミュニケーションを図りましょう。
2. 受けた後のファーストタッチを大切にしましょう。
3. DFを付けたときは、相手の動きをよく見てパスかドリブルの判断をしましょう。
4. チェンジ・オブ・ペース
5. チェンジ・オブ・ダイレクション

パス？ or ドリブル？

[バリエーション]
　コーン①の前でパスを受けた選手が再びパスを返します。「クロスオーバー(スイッチ)をしたが敵が付いてきた」というイメージで行います。

オーバーラップからセンタリング、シュート

1：AがBにパスを出し、Bの外側を走ってオーバーラップします。
2：Bは中へドリブルしてAへパスを出します。
3：AはBにセンタリングを上げます。
4：Bがシュートします。
＊慣れてきたら敵を1人付けてみましょう。

[練習のポイント]

1．スペースを作る動き（A）と使う動き（B）がしっかりできるようにしましょう。
2．コミュニケーションをしっかり取ってタイミングを合わせましょう。
3．DFを突破するパスを出しましょう。
4．相手の動きをみて、パスかドリブルかの判断をしましょう。

タクティクス（ゲームをつくる）

4vs4 オーバーラップゲーム

中で4vs4のゲームをします。タイミングを計って外のオーバーラップゾーンを使い、センタリングの形を作ります。

センタリングからの得点は3点、普通の得点は1点とします。

オーバーラップゾーンには、相手と、ボールより前にいる味方は入れません。

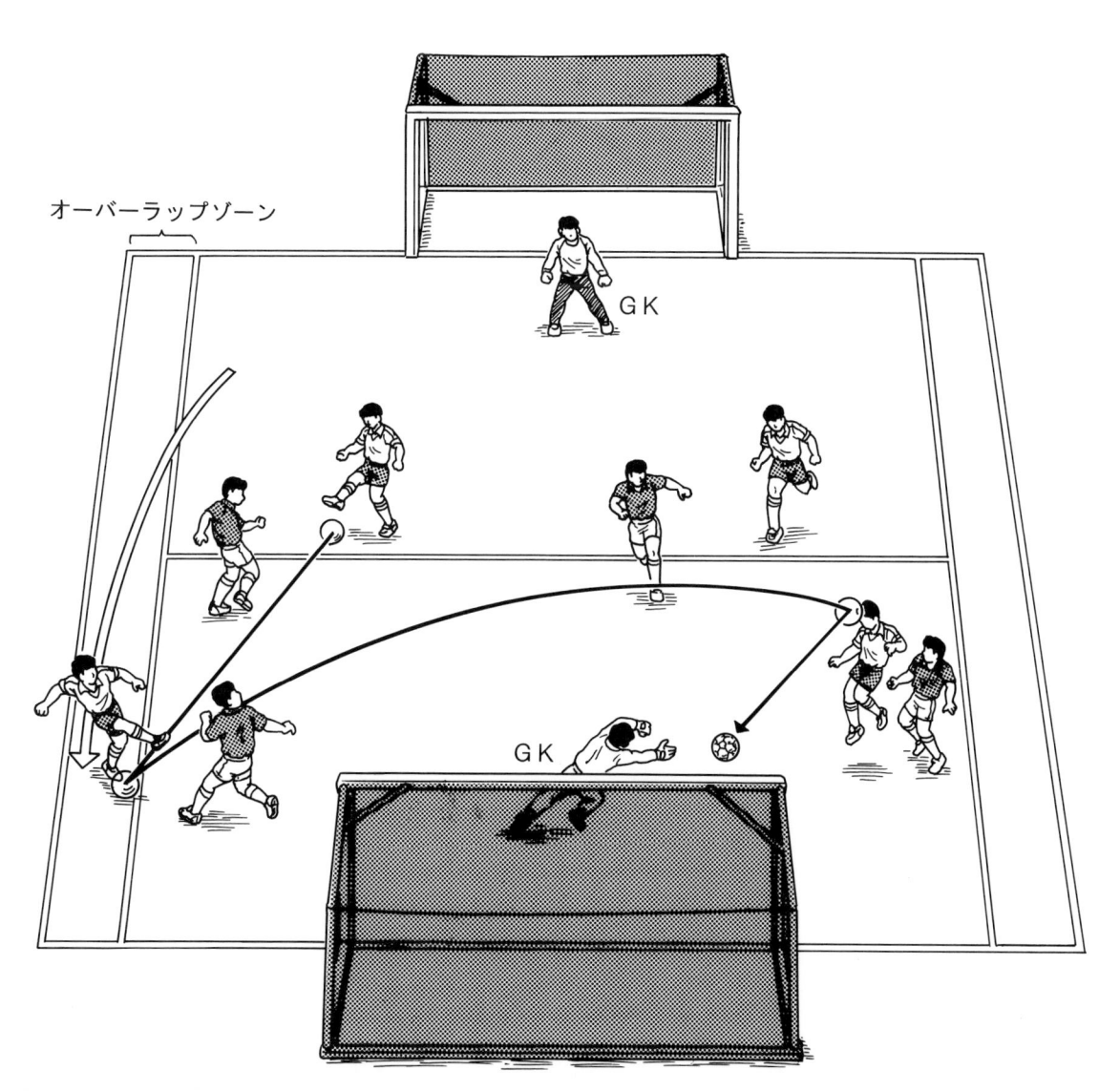

オーバーラップゾーン

GK

GK

[練習のポイント]
1. 積極的にオーバーラップゾーンに飛び出し突破しましょう。
2. コンビネーションをよくして、積極的にシュートをねらいましょう。
3. ＤＦは攻守の切り替えを早くして、カウンターアタックをねらいましょう。
4. オーバーラップゾーンには相手が来ないのですから、中へのパスは正確に入れましょう。

チャレンジとカバー

1 vs 1 ＋キーパー

ゴールキーパーの指示のもとにディフェンスしてみましょう。

［練習のポイント］
1．相手を自由にさせないように、しっかりとプレスを掛けましょう。

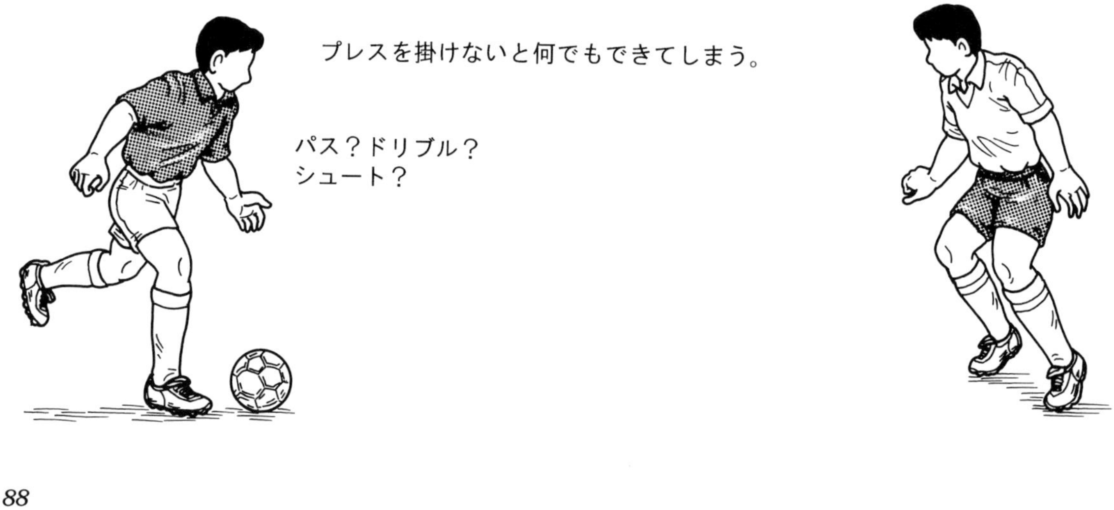

プレスを掛けないと何でもできてしまう。

パス？ドリブル？
シュート？

タクティクス（ゲームをつくる）

2．相手に前を向かせない（ゴールに向かせない）ようにしましょう。

前を向かせなければ相手の力は半減する。

ゴールが見えないと
シュートは打てない

3．相手のミスを逃さずにチャレンジしましょう。
4．ゴールキーパーの指示で相手のドリブルの方向を限定しましょう。

ＧＫと協力すれば相手の
シュートコースは狭くなる。

2vs2の中でチャレンジとカバー

2vs2で、DF側は「チャレンジ」と「カバー」の関係を保って守備をします。

[練習のポイント]
1. ファーストDFは
   a. ゴールと相手を結んだラインに位置しましょう。
   b. プレスをしっかりと掛けましょう。
   c. ボールをしっかりと見て簡単に抜かれないようにしましょう。
2. セカンドDFは
   a. ゴールと相手を結んだラインを意識しましょう。
   b. 相手とボールを同一視できる体の向きを保ちましょう。
   c. チャレンジが可能で、さらに裏を取られない距離を保ちましょう。
3. チャレンジの優先順位を考えてプレーしましょう。
4. お互いにコミュニケーションを取ってチャレンジとカバーの関係を保ちましょう。

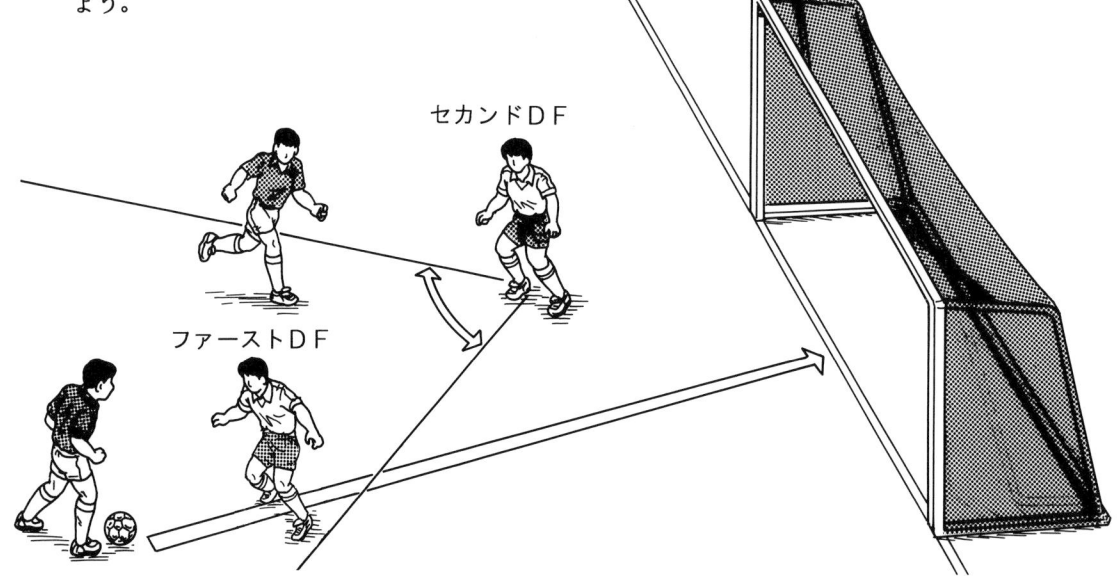

タクティクス(ゲームをつくる)

[バリエーション3]
- 2vs2＋サーバー＋キーパー
  基本の2vs2に、サーバー（ボール出し係）とキーパーを付けてゲームをしてみましょう。

4vs4 大ゴールでゲーム(守備の意識)

20m
30m

[練習のポイント]
1. コミュニケーションを取って、チャレンジとカバーの関係を保ちディフェンスしましょう。
2. ＤＦはボール保持者へ積極的にプレスを掛けましょう。
3. 攻守の切り替えを素早くすることを心がけましょう。
4. できればＤＦはマンツーマンで行いましょう。

11対11 ゲームをつくろう
３：４：３システムの中で説明しよう

攻撃

・ＧＫからのパスを受けた②（ボール保持者）はどのようにプレーすればよいのでしょうか？
・ＧＫを含めて他の味方（③〜⑪：ボールを持っていない者）はどのようにプレーしなければならないのでしょうか？

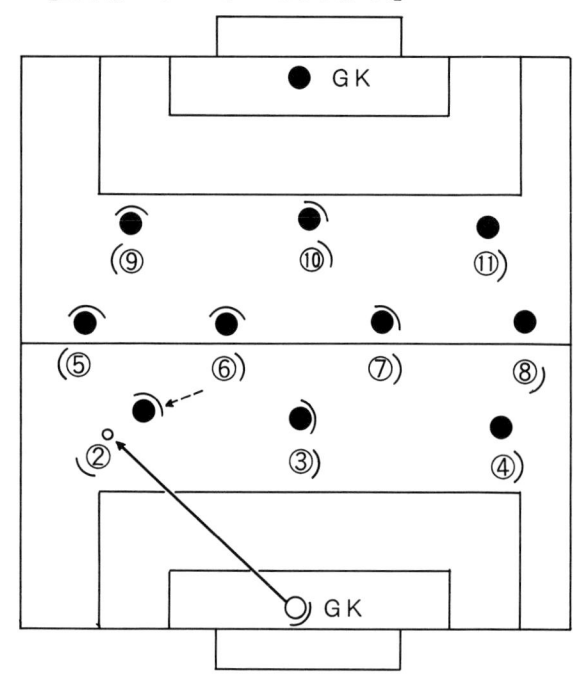

1　ボール保持者（②）のプレー

ボール保持者の状況、即ち
・攻撃方向への視野
・判断するための時間
・プレーするスペース

は、相手のプレッシャーの強さ（相手との距離）によって変わります。その中で、ドリブルなのかパスなのか決めなければなりません。

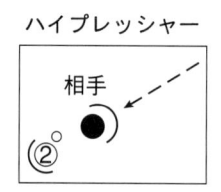

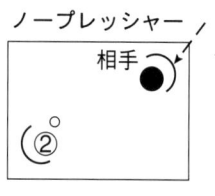

ハイプレッシャー　　ノープレッシャー

[基本形　３：４：３システム]

[Ａ：ドリブルを選択]

自分の前に大きなスペースがあるとき
・ファーストタッチでスペースに進入
・ドリブルによるスペースへの進入

ドリブルで上がることにより、数的優位が生まれます。（右図の⑤、⑥、⑨は、②がドリブルするスペースを空ける動きの中で、次のプレーの準備をしているイメージです。）

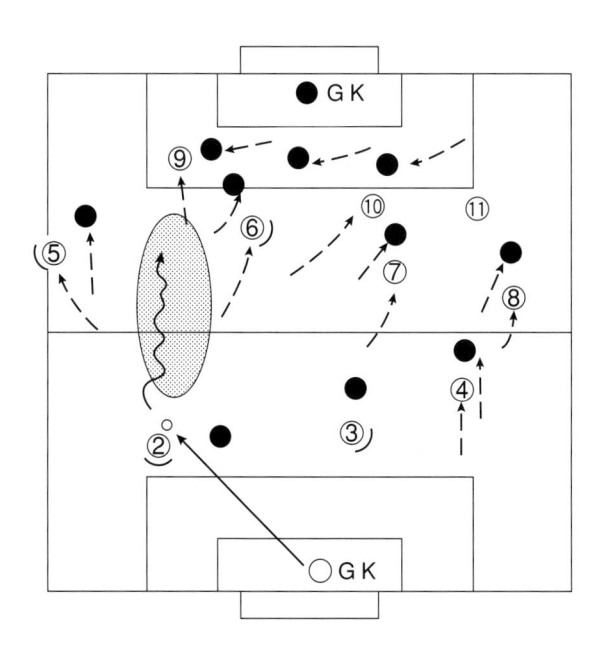

タクティクス（ゲームをつくる）

[B：パスを選択]
　受け手の状況をよく見て、コミュニケーションをとりながらパスします。その際、優先順位に従ってパスする相手を選びましょう。
（1）相手の背後

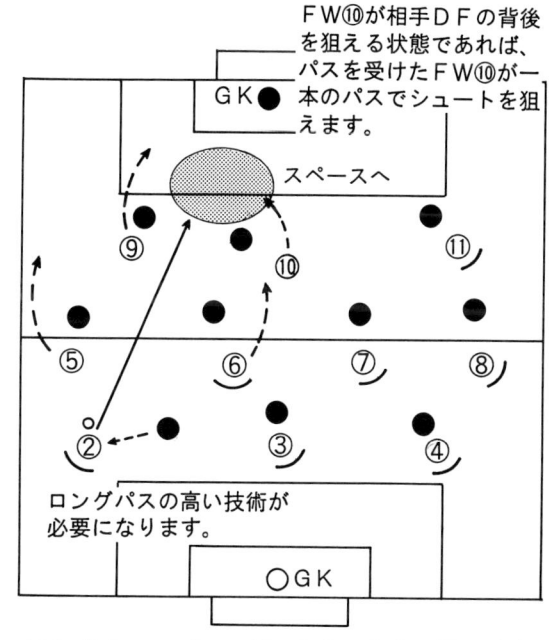

FW⑩が相手DFの背後を狙える状態であれば、パスを受けたFW⑩が一本のパスでシュートを狙えます。

スペースへ

ロングパスの高い技術が必要になります。

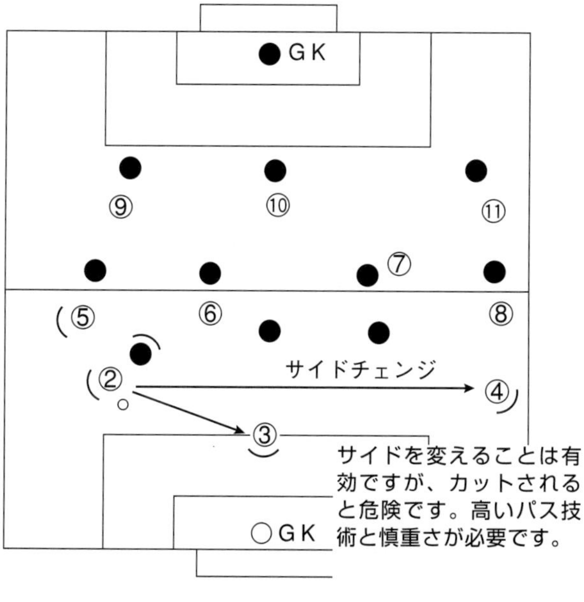

もちろん、自分の技術レベルを考慮して選択して下さい。

（2）FW・MFへの縦パスを出そう。
　　（縦へのつなぎパス）

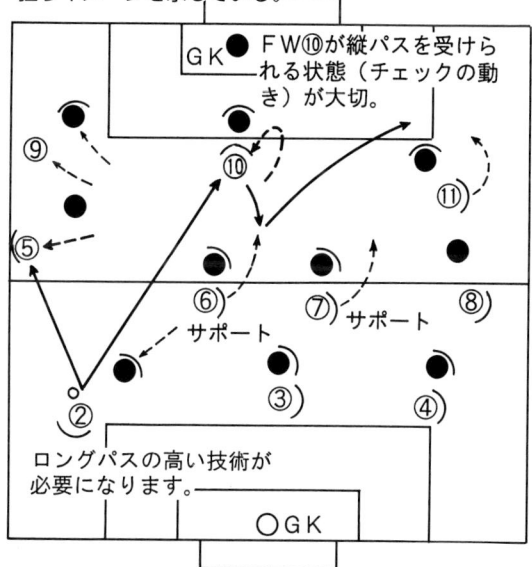

下図は②→⑩→⑥→⑪、⑪からのクロスで得点を狙うイメージを示している。

FW⑩が縦パスを受けられる状態（チェックの動き）が大切。

サポート　サポート

ロングパスの高い技術が必要になります。

（3）前方へのプレーができないとき、横の味方、逆サイドの味方へサイドチェンジパスを出そう。（横へのつなぎパス）

サイドチェンジ

サイドを変えることは有効ですが、カットされると危険です。高いパス技術と慎重さが必要です。

（4）縦・横を塞がれたときは、安全第一。DFやGKへのバックパスを選択しよう。（後方へのつなぎパス）

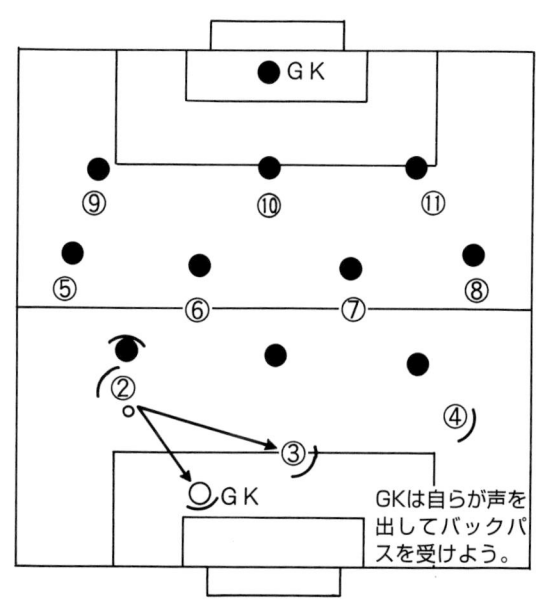

GKは自らが声を出してバックパスを受けよう。

93

ボールを保持したＤＦ②のパスコースは、相手がいない状況であれば（単純に考えれば）10コースありますが、選択する際には、優先順位、即ち、相手の背後、前方、横、後方の順に狙っていくべきです。ただし②は自分の状況（技術とプレッシャーの有無）とパスの受け手の状況（プレッシャーの有無など…）を把握し、無理なコースを選んではいけません。ボールを失うことは、攻撃権を相手に奪われることになります。

ここでは、ＤＦ②の選手で説明しましたが、ＭＦ・ＦＷの選手も同様に考えればよいでしょう。もちろん、ゴール前のプレーで一番優先すべきプレーはシュートです。

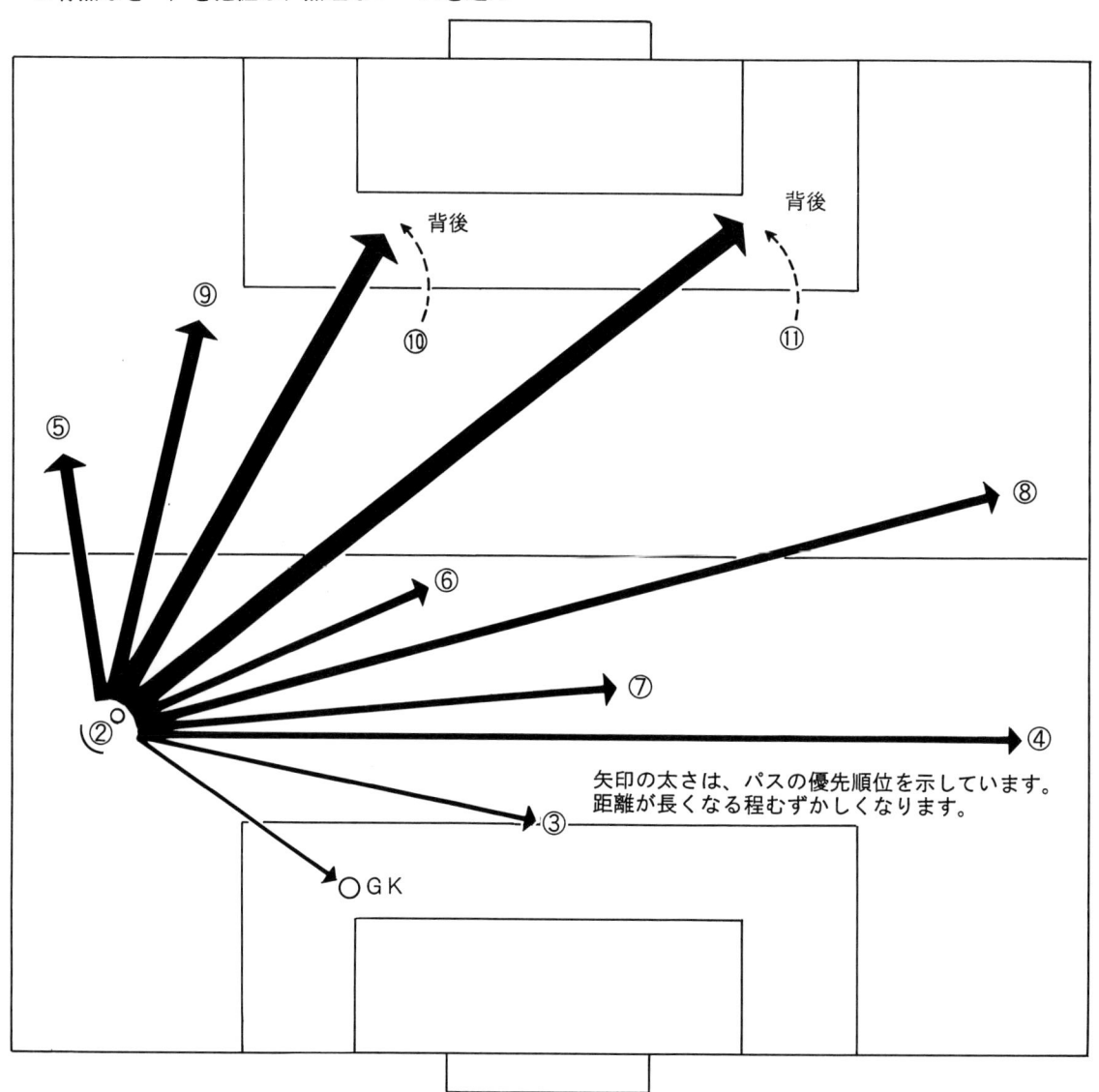

矢印の太さは、パスの優先順位を示しています。距離が長くなる程むずかしくなります。

2　ボールを持っていない選手のプレー

ＧＫを含めて他の味方（③〜⑪）は、どのようにプレーしなければならないのでしょうか。

自分がパスを受ける前に、より優位な状況（有効な視野とスペースの確保）をつくり出していること

タクティクス(ゲームをつくる)

が大切です。

(1) 正しいポジション

> 1：まず、広がる。広がることにより、自分・味方のプレーするスペースが確保されます。
> 2：ボール保持者と攻撃方向を（自分のマーカーも入る）同一視できるポジションをとり、どこでパスを受けるべきか判断しましょう。

(2) 相手との駆け引き（マークをはずす動き）
より有利な状況でパスを受けるために、

> 1：チェックの動きを入れ、自分のプレーするスペース・時間をつくり出す。（相手からのプレッシャーを軽減できる）
> 2：動き出しのタイミング（いつ）
> ボール保持者がアイコンタクトできたときが動き出すタイミングです。タイミングがよいとマーカーから離れることができます。（相手からのプレッシャーを軽減できる）

(3) 動きの優先順位（どこでパスを受ければよいのか）

> 1：相手の背後で受ける
> 2：ボール保持者よりも前方で受ける
> 3：横で受ける
> 4：後方で受ける

ボール保持者の状況をしっかりと見ておかないと、独り善がりの無駄な動きになってしまいます。移動中もボール保持者と攻撃方向を（自分のマーカーも入る）同一視することが大切です。

要するに、②の視野に入っている選手であればあるほど、パスをもらえる準備を速くし、仲間である②を助けてあげましょう。②の視野は相手のプレッシャーにより、刻々と変化します。

②が相手のプレッシャーを受けているにもかかわらず、パスを受けようとしない選手は、仲間へ

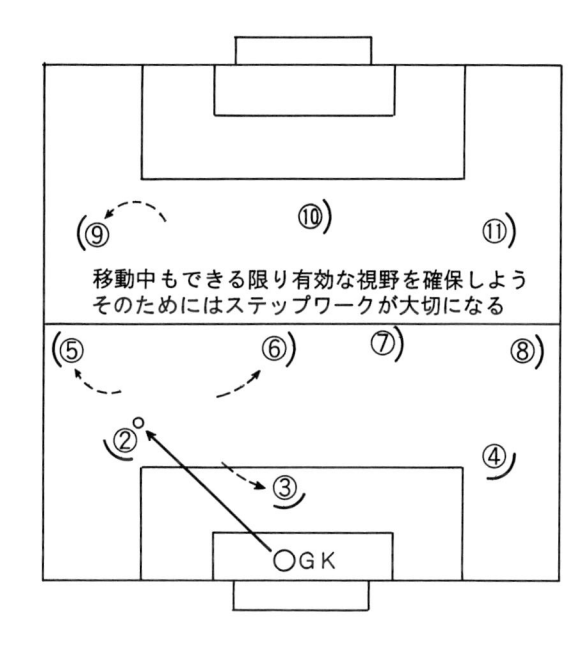

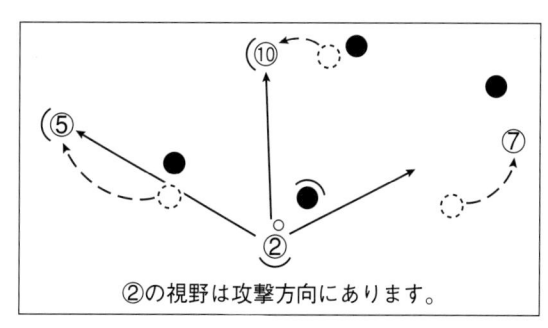

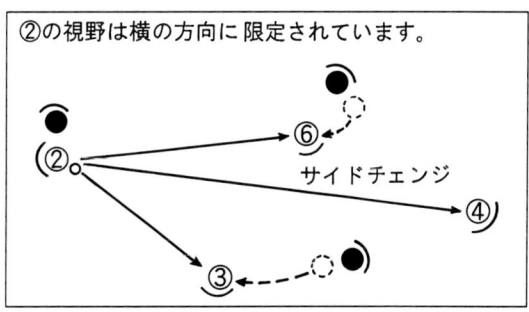

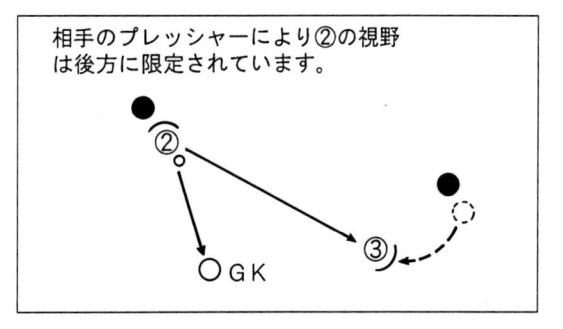

移動中もできる限り有効な視野を確保しよう
そのためにはステップワークが大切になる

②の視野は攻撃方向にあります。

②の視野は横の方向に限定されています。

サイドチェンジ

相手のプレッシャーにより②の視野は後方に限定されています。

95

の思いやりに欠けているのではないでしょうか？

その結果、相手にボールを奪われ、攻撃権を失うことになります。

守備

＜⑥から⑨へパスが渡されたとき＞

- Aがチャレンジ：相手にプレッシャーをかける。
- Bがカバー：⑨がドリブル突破でAを抜きさることに対処できるポジションをとる。
- C、Gがスペースをカバー：相手に侵入されては危険になるスペースをあらかじめうめるポジションをとる。

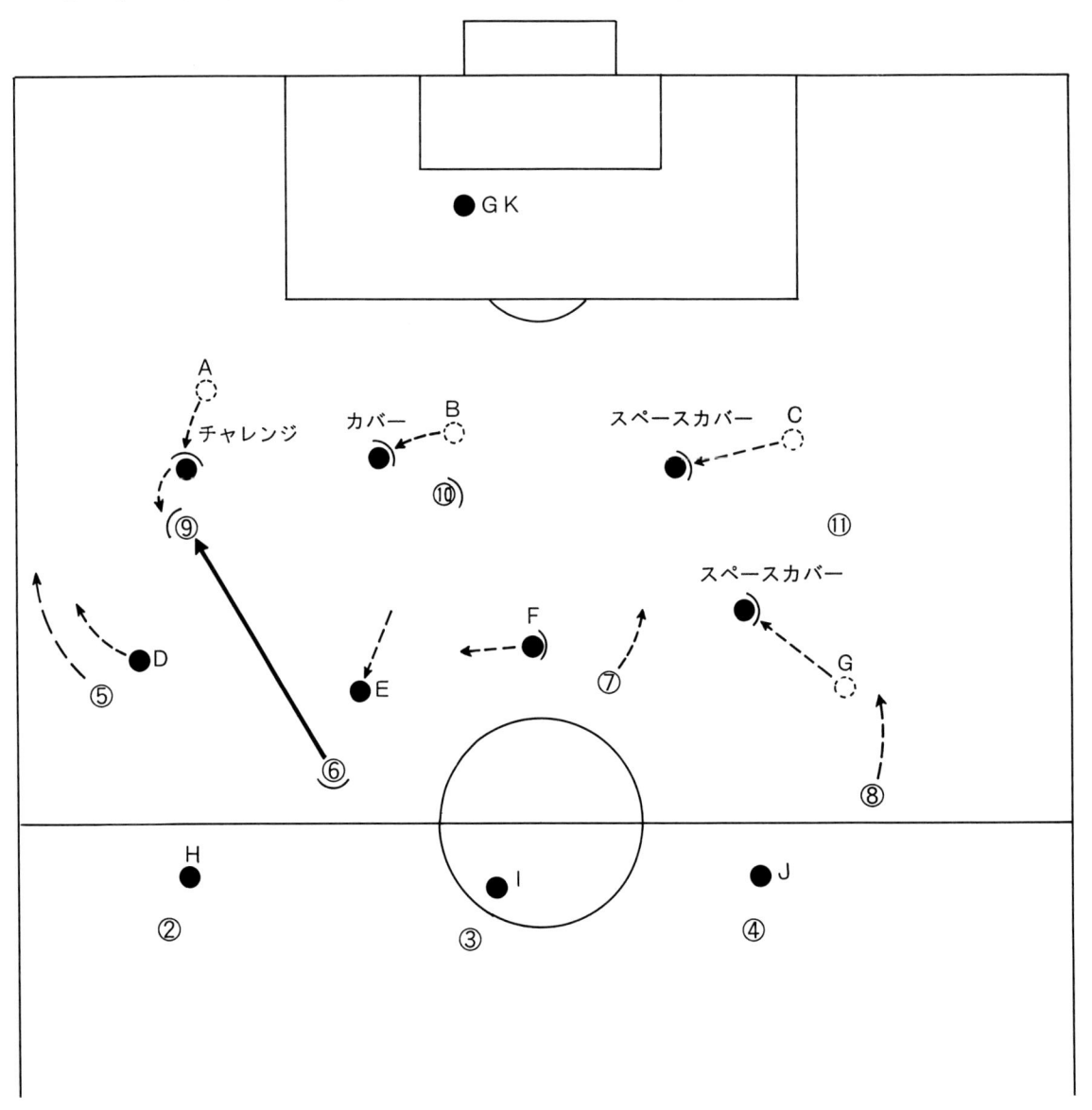

タクティクス（ゲームをつくる）

ボールが動くことにより、全員のポジションを修正しなければなりません。

＜⑨から⑩へパス＞
- Bがチャレンジ
- A、Cがカバー
- Gがスペースをカバー

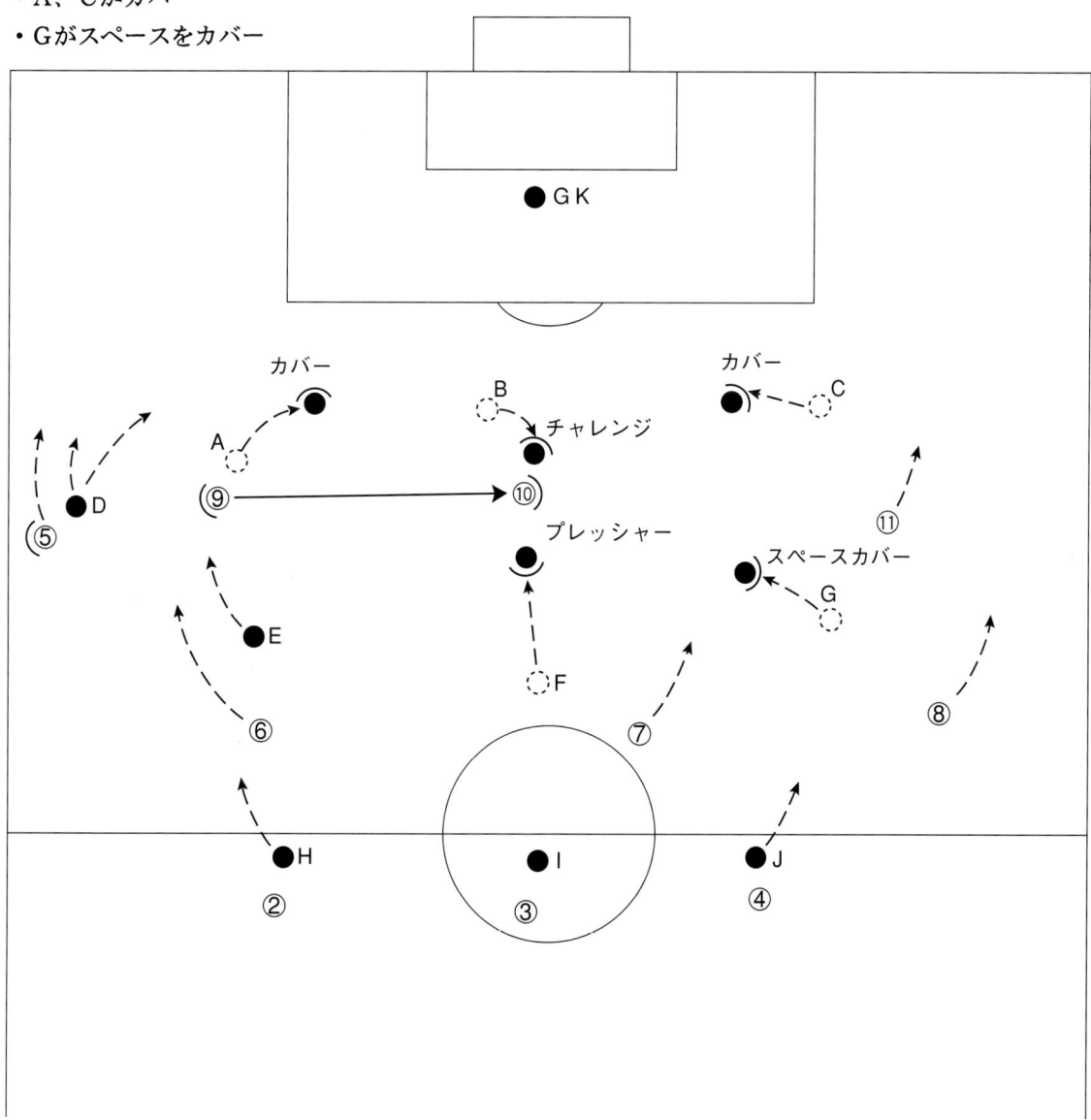

　一見複雑に見えるチームディフェンスも、チャレンジとカバーの組み合わせで成り立っています。

　現在サッカーでは、できる限り時間をかけずにチャレンジとカバーの関係を作るために、コンパクトなサッカーが展開されています。

　さらに、ただ相手の攻撃を遅らせゴールを守るという消極的な守備ではなく、ボール保持者を複数の人数で囲い込み、積極的にボールを奪う守備に変わってきています。

　攻撃を展開し、ゴールを目指すには、相手のボールを奪わなくてはなりません。チーム全員で、相手ボールを奪うために、それぞれの役割をこなせるポジションをとることが大切です。

著者紹介

山口隆文（やまぐち　たかふみ）
1957年生まれ。筑波大学大学院修了。筑波大学卒業後、東京都立清瀬東高校サッカー部監督を経て、1986年東京都立久留米高校サッカー部監督に就任。1992年にはチームを都立勢としては40年ぶりに全国高校サッカー選手権大会に導く。以後、（財）日本サッカー協会指導委員会委員、（財）日本サッカー協会特任理事、ナショナルトレセンコーチ（四国担当）、U-17日本代表監督等を歴任。（財）日本サッカー協会公認S級コーチ。現在FC東京U-15むさし監督。

齋藤　登（さいとう　のぼる）
1958年生まれ。東京学芸大学卒業。1997年、東京都立久留米高校に赴任。2006年同校サッカー部監督として第85回全国高校サッカー選手権大会出場。（財）日本サッカー協会公認S級コーチ。47FAユースディレクター。現在、東京都立東久留米総合高校サッカー部監督。

サッカーの練習プログラム
Ⓒ Takafumi Yamaguchi & Noboru Saito, 2000
NDC 783　97p　24cm

初版第1刷	2000年5月20日
第5刷	2007年9月1日

著　者	山口隆文・齋藤登
発行者	鈴木一行
発行所	株式会社大修館書店
	〒101-8466　東京都千代田区神田錦町3-24
	電話03-3295-6231（販売部）
	03-3294-2358（編集部）
	振替00190-7-40504
	［出版情報］http://www.taishukan.co.jp
カバーイラスト	橘田幸雄
装丁・本文イラスト・レイアウト	阿部彰彦
印刷所	広研印刷
製本所	司製本

ISBN978-4-469-26443-2　　　Printed in Japan

Ⓡ本書の全部または一部を無断で複写複製（コピー）することは著作権法上での例外を除き禁じられています。